ANNA VERONICA MAUTNER

FRAGMENTOS

DE

VIDA

CIP-BRASIL. CATALOGAÇÃO NA PUBLICAÇÃO
SINDICATO NACIONAL DOS EDITORES DE LIVROS, RJ

M415f

    Mautner, Anna Veronica
       Fragmentos de uma vida / Anna Veronica Mautner ; organização Regina Favre ; [fotógrafo Henk Nieman]. - 1. ed. - São Paulo : Ágora, 2018.
       256 p. : il.

    ISBN 978-85-7183-213-8

       1. Mulheres psicanalistas - Biografia. 2. Psicanálise - Biografia. 3. Mulheres - Biografia. I. Favre, Regina. II. Nieman, Henk. III. Título.

18-48242   CDD: 921.8
                                                           CDU: 929:1

Leandra Felix da Cruz - Bibliotecária - CRB-7/6135

07/03/2018   08/03/2018

www.editoraagora.com.br

Compre em lugar de fotocopiar.
Cada real que você dá por um livro recompensa seus autores e os convida a produzir mais sobre o tema;
incentiva seus editores a encomendar, traduzir e publicar outras obras sobre o assunto;
e paga aos livreiros por estocar e levar até você livros para a sua informação e o seu entretenimento.
Cada real que você dá pela fotocópia não autorizada de um livro financia o crime e ajuda a matar a produção intelectual de seu país.

ANNA VERONICA MAUTNER

FRAGMENTOS DE UMA VIDA

Concepção, organização e apresentação: REGINA FAVRE

EDITORA
ÁGORA

FRAGMENTOS DE UMA VIDA
Copyright © 2018 by Anna Veronica Mautner
Direitos desta edição reservados por Summus Editorial

Editora executiva: **Soraia Bini Cury**
Assistente editorial: **Michelle Neris**
Concepção, organização e apresentação: **Regina Favre**
Fotografias: **Henk Nieman**
Projeto gráfico, capa e editoração: **Gabriela Favre**
Foto da capa: **Ligia Jardim**
Impressão: **Sumago Gráfica Editorial**

Editora Ágora
Departamento editorial
Rua Itapicuru, 613 – 7o andar
05006-000 – São Paulo – SP
Fone: (11) 3872-3322
Fax: (11) 3873-7476
http://www.editoraagora.com.br
e-mail: agora@editoraagora.com.br

Atendimento ao consumidor
Summus Editorial
Fone: (11) 3865-9890

Vendas por atacado
Fone: (11) 3873 -8638
Fax: (11) 3872-7476
e -mail: vendas@summus.com.br
Impresso no Brasil

"Acho que a mulher que falava no cabeleireiro (dos meus pais) não estava nem pensando no cabeleireiro (cabeleiro, como diziam eles), e nem em suas ajudantes. Falava para si mesma como eu o estou fazendo agora, aqui."

(Anna, na primeira versão do texto " Antes que a vida das pessoas fosse caso clínico")

Para o Wiktor

SUMÁRIO

Anna, por Regina Favre **12**

Por que crônica **20**

Eu por mim **21**

O dilema da primeira pessoa **36**

De lá até aqui **39**

Antes que a vida das pessoas fosse caso clínico **43**

Devorando o Brasil **76**

Hora de parar **84**

Réquiem para os meus mortos **85**

A minha voz **89**

Alameda Nothmann **91**

PrimaVera **95**

Angústia **100**

O Rio **121**
A pensão de dona Cecília **125**
O Clube da Lanterna, as repartições e os bares **141**
A avenida Atlântica e o quarto das meninas **149**
E o Sputnik subiu para o céu **159**
E o latente se explicitou **168**
Vamos começar pelo encontro **172**
Ler é viver uma falta **181**
Pelo divã da dona Virgínia **194**
Psicanálise húngara: um caso de transferência **197**
Lenta jornada até Lacan **212**
Hoje quero viajar comigo **218**
Minhas raízes judias: das razões do orgulho e do zelo **227**

Anna

Anna que conheço precisamente desde 1970 sempre soube se colocar, atrair, incluir, receber, valorizar, criar gamas de pertencimento, fazer de sua casa o paraíso desejado na Terra onde se ativavam em cascata experiências de identificar-se, excluir-se, usufruir da aceitação sem limites, murchar no desconhecimento, disputar espaço, sentir-se subitamente valorizado, visto, admirado, cúmplice, incluído, expulso. Talvez essa intensa imantação das pessoas em torno da Anna, ao longo dessas muitas décadas da vida brasileira, tenha passado sempre exatamente pelo perigo latente deste jogo radical que sua presença propõe: de atração e repulsão, assimilação e estrangeiridade.

No ano passado, ao me reaproximar do mundo da Anna pela milésima vez, pude observar, sem me assustar com o intempestivo que a Anna produz, a estabilidade absoluta da casa da Anna, a rotina da Anna, os gostos da Anna, captando de perto o ambiente inteiramente privado onde ela mergulha como o relembrado hipopótamo do zoológico de Budapeste para ler, escrever, falar ao telefone, assistir à TV, totalmente confortável e identificada com a intimidade dessa casa de porta permanentemente destrancada dentro do grande mundo.

Nessa última reentrada pela porta da Anna, não importa que porta nem que casa fossem – uma vez que todas as casas da Anna sempre refletiram essa familiaridade desde o primeiro dia da mudança, como se desde sempre tivessem abrigado sua vida –, tive tranquilidade para realmente apreciar, como ainda não fizera, os textos que ela produz em sua rotina. A disponibilidade para a Anna-difícil, já bem abrandada, permitiu-me testemunhar a Anna-envelhecendo distante da mundanidade e me aproximar com cautela do pântano do esquecimento e do desmanchamento nesse corpo-Anna intensamente vivido e ferozmente gasto no ímpeto da experiência, sempre pronto para se reacender diante de um novo interesse.

Desejei, então, organizar com ela um livro com esses textos preciosos, num trabalho de prolongar, oferecendo à degustação das pessoas, o brilho da Anna-luz. E desejei, logo em seguida, extrair alguma coisa para mim, produzindo uma entrevista com ela, dentro do dispositivo de pesquisa da presença no meu espaço de trabalho. A entrevista e seus desdobramentos funcionariam como Apresentação para este livro.

A pergunta-chave era: "O que fez de você a mulher moderna que é?"

Na verdade, tratava-se de uma pergunta para mim mesma: o que me fez, no ano de 1970, aos 28 anos, brasileira tornada estrangeira, migrar para um mundo onde então havia vitalidade e colar, com todas as minhas forças, certeira, instantânea e sem dó como sempre fui, com meu modo darwinista de adaptação nessa mulher-Anna, vizinha das Perdizes que encontrei num grupo terapêutico do Gaiarsa justo quando a configuração do meu mundo de classe média se dissolvia vertiginosamente e por completo, numa experiência que aprendi a denominar, décadas mais tarde, desterritorialização? Foi a partir desse desmanche radical que reconheci o começo da construção da mulher-moderna-em-mim.

ANNA VERONICA MAUTNER

Depois de examinar seus álbuns de fotografia, optei por fotos da Hungria antes da Segunda Guerra, quando ela nasceu. Naquelas fotos, vivem encantados seus pais, seus amigos, todos de corpo e hábitos livres, na serenidade dos lagos e das montanhas da Europa

central. Esses jovens adultos judeus, agnósticos, socialistas das fotos da Hungria eram fruto dos movimentos juvenis que se instauraram nas metrópoles europeias entre as duas guerras, produzindo a modernidade dos corpos e das relações que reconhecemos nos modos de vida que se seguiram na contramão do capitalismo do pós-guerra, inspirando o desejo e os usos de si que prosseguiram nos movimentos socialistas juvenis já no Brasil dos anos 1950, na contracultura da década de 1960, nas forças que explodiram em 68, no desejo que nutriu os movimentos reichianos dos anos 70. Essas mesmas forças continuam hoje, à revelia da captura neoliberal dos corpos, pulsando no espírito que sustenta forças do comum na resistência ao capitalismo mundial.

Realizamos, então, num sábado de manhã, com a colaboração da Ligia Jardim na videogravação e da Liliane Oraggio na transcrição simultânea, um material bruto que eu pretendia editar aqui.

Fotos do acervo pessoal dos meus alunos, em certo momento do processo de estudo no Laboratório do Processo Formativo, impressas em acetato e projetadas pelo *datashow* no telão da sala de grupo, são parte da estratégia para essa captação audiovisual da interação com os corpos em presença nos meus seminários teórico-práticos sobre a produção de vidas, corpos e mundos com as forças da autopoiese.

Era o que eu desejava.

Atirei no que vi e acertei no que não vi.

Na situação-gravação com a Anna, seu desinteresse e sua reação negativa diante do convite de imaginar comigo as fotos desse passado remoto projetadas pela luz incandescente de um retroprojetor démodé, somados à minha decepção inicial e à decisão de arriscar um fracasso, resultaram na exigência da fina busca de um retrato que eu mesma tive de empreender em seu acervo de textos, aproximando escritos de diferentes tamanhos e tempos, compondo um mosaico em que o enigma da mulher moderna foi se revelando com toda a radicalidade na sua violência, dor, espanto, humor, contemplação, ternura, crueldade, gratidão, amizade, risco, memória.

Aqui estão os textos escolhidos, que foram ditados para diferentes secretárias, e não teclados por ela mesma, resultado de um esforço oral e corporal de revelação de si por meio do detalhe sensível, em escalas de proximidade pessoal absoluta e distanciamento crítico, sociológico, histórico e psicanalítico que se misturam sem cerimônia nem adiamentos.

No agora ou nunca da narrativa-acontecimento.

Mergulhemos.

Regina Favre, janeiro de 2018

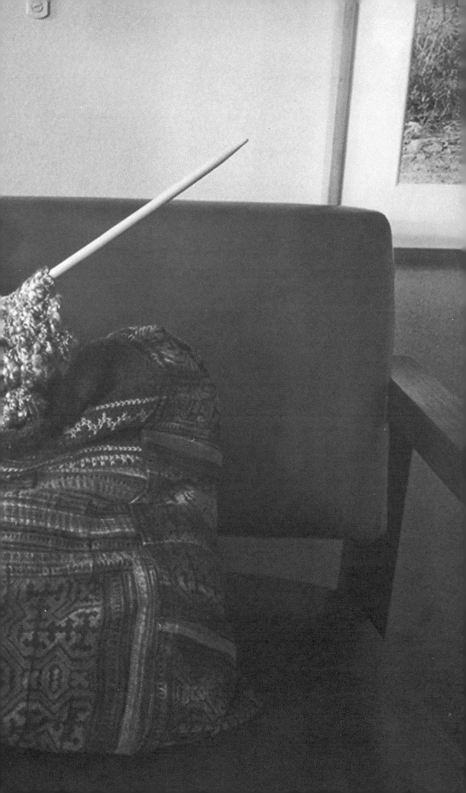

Por que crônica

Vista como uma obra menor por quase todo mundo, especialmente quando impressa na mídia diária ou semanal, aqui vou eu defendendo a crônica como eventualmente bela, mas sempre importante.

O cronista é o cara que, além de saber escrever, optou por comentar o que observa e percebe.

O cronista não estuda obrigatoriamente o seu tema de hoje; pode até aprofundar-se em pesquisas, mas não é parte de sua arte. É parte de sua vida, na qual ele, como qualquer um, pode ser livre e desimpedido para ver e sentir.

O cronista percebe e relata, buscando aproximar o seu leitor o máximo possível do que aconteceu. O engenho e a arte do cronista dependem de sua capacidade de atrair, evocar no outro aquilo que viveu. A crônica tolera umas poucas referências analíticas ou científicas. Só poucas. A linguagem sintética tende a ensinar e a explicar. A forma da crônica almeja evocar, trazer à tona em cada leitor o que de comum comungam os possíveis e prováveis leitores.

Na sociedade de massas, poucos são os momentos de comunhão, diferentemente do que ocorre entre membros de uma família, num grupo de trabalho, de vizinhança, nos quais o percebido e o vivido são comentados oralmente, constituindo o amálgama dos grupos da sociedade ampla. É por intermédio da mídia que tem lugar esse fenômeno de identificação, que vai resultar na sensação de pertinência.

É aí que a crônica tem seu meio de campo, onde é jogado o tema identificatório.

É pela crônica que se comunicam mesmo os que não se conhecem face a face. Quanto mais distantes estamos uns dos outros, na sociedade de massas, maior é o espaço para a crônica.

Uma crônica bem colocada na mídia transmite a sensação de não estar só.

Eu por mim

Eu diria que a minha relação com a psicanálise vem de desde sempre, passada de mãe para filha. Passou mais de 50 anos acobertada por um jogo de gato e rato que acompanha minhas relações com quase tudo que sinto desejável, mas que é difícil de conseguir. Tenho a impressão de que meu primeiro mecanismo de defesa – pelo menos assim me parece – sempre foi o de evitar a dor, mas não de qualquer jeito.

O meu jeito de evitar a dor é "limitar o desejo". Sempre procurei desejar dentro do escopo que me parecia o possível. Hoje, *a posteriori*, posso dizer que quase sempre desejei muito menos do que era possível. Isso fazia parte de defesas que criei para me proteger de mim mesma e dos sonhos de dona Rosa, minha mãe. Ela sempre dizia que eu seria capaz de fazer tudo, desde que quisesse. Preferi ficar com uma parte só dessa mensagem: a de que bastava querer. Não querendo, podia me dar ao luxo de fazer com menos desconforto. Desde que entrei na faculdade, em 1955, comecei a formular uma vaga noção de que existia, entre as várias formas de tratamento da dor psíquica, uma que era "mais" que as outras: a psicanálise. Assim, ela ficava além da minha realização possível. E por isso, durante muitas décadas, deixei-a na fronteira do meu universo. Mas a minha relação com a psicanálise vem de muito antes. Vem do tempo da minha mãe. A fábula familiar refere-se a um tempo em que minha mãe foi rica (até seus 12 anos) e morava num bairro de rico e brincava no parque com meninos ricos – por acaso, filhos de psicanalistas. A casa do meu avô materno ficava na mesma praça onde foi instalada a primeira sede da Sociedade de Psicanálise Húngara. Assim era a história que a minha mãe contava, justificando seu enorme interesse pelo inconsciente, por seus mecanismos e suas razões. Desse seu convívio ela guardou a mania de interpretar, ininterruptamente, tudo que se fazia e tudo do que se ouvia falar. Ela aprendeu e me transmitiu tudo que aprendeu: "Tudo tem explicação, causal, mística ou mítica". E assim o meu mundo, interno e externo, constituiu-se de uma rede de causas e sincronias explicáveis. Tudo podia ser entendido. Bastava conhecer o suficiente a respeito do mundo, das pessoas e coisas. Isso tudo começou nas praças e ruas de Buda (uma das margens do Danúbio que atravessa Budapeste). Ali estavam os que pensavam o certo e o belo, segundo ela. E isso ela me repetiu a vida toda. Foi nesse mundo que ela teria aprendido a pensar. E foi isso que ela me passou em nossas intermináveis conversas sobre tudo e todos, por anos a fio. Tudo merecia nosso olhar e nossa escuta.

Seu pai faliu quando ela tinha 12 anos e ela não pôde ser a médica que quisera ter sido. E eu desisti de ser a médica que ela quis ter sido – que nunca me forçou a sê-lo, mas também não me impediu de desejar ser. Cheguei até o cursinho para Medicina. Hoje, tantos anos depois, vejo que não tive a liberdade de tornar-me médica. Preservei a liberdade de não realizar o sonho dela.

Da parte do meu pai a herança é outra. Se ele queria muito mais do que tinha, não dizia. Alimentava-se de alegrias e sorrisos. Nunca me pareceu que ele quisesse mais do que estar bem já e cá.

Dessa mistura, nasceu a socióloga de esquerda que não pôde ser nem médica nem psicanalista. Por um lado, tinha de se opor à mãe; de outro, havia uma leve submissão ao pai, aquele que não exigia. Medicina exige sacrifícios enormes de tempo e dinheiro, e a psicanálise exigia outro tanto. Escolhi gozar a vida. E posso dizer, sem arrependimento, que essa conjunção de pai e mãe me fez venturosa. Por atalhos, ensaios e erros, contudo, fui me achegando ao mundo das terapias, passando por magistério, trabalho e treinamento em grupo para escola e empresa. Cota de sacrifício médio para realizar desejo médio.

Minha vida profissional começou muito cedo. Meus pais tinham um salão de beleza. Lá me era permitido ficar, desde que quieta. Assim, desde os 5 anos de idade, treinei-me a escutar. Claro que eu ficava lá porque queria. As histórias que as clientes contavam eram a minha radionovela, que eu acompanhava semana a semana. Aprendi a fazer unhas e tive minha freguesia no Alto da Lapa com 10, 11 anos. As mulheres conversavam entre si e eu escutava. A partir de 1946, com 12 anos, comecei a dar aulas de Português para estrangeiros que chegavam refugiados da guerra. E eles também contavam histórias. E eles não paravam de chegar, o que me garantia a mesada. Desistindo do cursinho para Medicina, fui fazer Ciências Sociais, que em 1955 era a coqueluche da Juventude Socialista, para onde me encaminhei por amigos um pouco mais velhos e encontrei a família Abramo – que, pela mão de três irmãos, pôs-me em contato com grandes homens daquela época, além de eles próprios terem sido grandes homens: Cláudio, Fúlvio, Perseu. Levaram-me ao Rio de Janeiro, para a casa dos trotskistas da época: Mário Pedrosa, Bruno Giorgi, Alfredo

Volpi, ministro Ribeiro da Costa, o poeta Dante Milano, o jornalista Medeiros Lima e tantos outros. Eu entrava e saía do estúdio de Pancetti, no Leme, do apartamentinho de Clarice Lispector, da oficina de Bruno Giorgi com uma desenvoltura que hoje me parece incrível. Eu tinha uma vaga noção de que bater papo de igual para igual com a Lígia Clark na quitanda da rua Prado Júnior, em Copacabana, era privilégio. Mas isso dizia a razão. Eu mesma falava sobre o preço das coisas. Também, naquele tempo a Lígia nem esculpia ainda! E a Clarice, já desquitada, se matava de fazer trabalho de *ghost writer*. Às quartas-feiras à noite havia um programa sagrado: Dante Milano, ministro Ribeiro da Costa e Bruno Giorgi, mais Alfredo Volpi, quando estava no Rio, liam em italiano a *Divina comédia* do Dante. A Mira (mulher do Bruno Giorgi) e eu escutávamos. E fui escutando pela vida afora as histórias dos pais anarquistas dos Abramo, como hoje escuto instrumentada pelos concertos da psicologia e da psicanálise, e isso faz grande diferença (as histórias dos meus clientes). E tinha as histórias do agreste, nas quais fui introduzida pelos irmãos Oswaldo e Assis Chateaubriand, meus patrões; dona Judith, mulher do dr. Oswaldo, avó de Carminha, que por sinal carregava o bem soante nome de Carmen Judi Chateaubriand Bandeira de Mello, com quem passei todo um ano em Nova York, justo quando a autoconfiança americana foi destroçada em um instante, de novembro de 1957 (ou será 58?) – quando chegou à sala verde do café do edifício da ONU a notícia (antes de chegar aos jornais) de que o Sputinik estava orbitando em volta da Terra. Hoje sabemos que eles tinham ganhado apenas uma batalha, pois dali em diante os americanos correram para se equilibrar. O convívio com os jornalistas da ONU – pois esqueci de dizer que estávamos, Carminha e eu, trabalhando como correspondentes de jornais brasileiros – foi uma experiência ímpar. Namorei figuras muito especiais, como um violinista cego, Rubem Varga, que quando voltei ao Brasil me fez aprender a ler e a escrever Braile. Namorei outro violinista da Birmânia, cujas histórias eu adorava ouvir. Namorei Vadim Bogoslovski, secretário particular de Gromiko, nada mais, nada menos. Se Carminha contasse nossas aventuras com o governo da futura Argélia no exílio... E tudo isso aconteceu pelas mãos de Cláudio Abramo, que tirou das minhas mãos o alicate de manicure e me pôs diante da máquina de escrever da *Tribuna da Imprensa*. Na casa de Bruno Giorgi, Hilde Weber e Mário Pedrosa, acredito que o escutar imposto pelos meus pais tenha sido a origem. Mas o prazer de escutar foi meu. Dali em diante eu ampliei, assumi riscos e fui escutando mais e mais. Pensando bem, deve ter certo charme o meu jeito de escutar, senão a minha vida não teria sido o que foi. Terminado o período nos Estados Unidos, voltei para São Paulo, para a universidade, e comecei o caminho, direto e resoluto, em direção a uma profissionalização que pudesse conciliar – escutar, intervir, participar. Não que eu soubesse disso, mas *a posteriori* é fácil reconstituir.

O meu primeiro contato com a psicoterapia como profissão se deu mais tarde. Antes, passei por pesquisa de mercado e publicidade. Depois que Anita Castilho Cabral, à época catedrática de Psicologia, convidou-me para ser sua assistente no Departamento de Psicologia Social e do Trabalho, fui me aperfeiçoar especificamente em treinamento de grupo. Comecei trabalhando em *sensitivity training* com Danda da Silva Prado; depois obtive uma bolsa do British

Council para passar um ano letivo na Universidade de Londres. No meu retorno (1970), registrei-me como psicóloga no MEC e comecei a me afastar da psicologia do trabalho, dando mais ênfase à dinâmica de grupo. Daí para Wilhelm Reich foi um passo. Era meu primeiro contato com a psicoterapia propriamente dita e um portal de entrada aceitável para o meu purismo socialista. Banhei-me do curso de psicoterapia da Mère Christina no Sedes, como faziam os que não iam direto para a Psicanálise.

Empolguei-me.

Finalmente, aquilo que para mim era natural – ver, escutar e interpretar – inseria-se no meu trabalho. Ainda não tinha conseguido chegar à psicanálise, mas estava já num patamar paramédico. Quase lá. Naquele momento eu já sabia aonde queria chegar. O acúmulo de experiências pessoais e profissionais que vivi sem qualquer antevisão, premonitória que fosse, do objetivo de chegar à psicanálise percebo que estava reprimido, ou quem sabe apenas omitido. A partir do encontro com Reich tudo mudou.

Eu queria trabalhar em consultório.

Na década de 1970, a terapia corporal e psicodramática estava no apogeu aqui em São Paulo. Foi quando o meu grupo de convívio profissional escolheu convidar Emilio Rodrigué para vir trabalhar o nosso grupo. Rodrigué tinha acabado de sair da Sociedade Argentina de Psicanálise, optado por uma terapia analítica corporal e imigrado para a Bahia. Para nós, esse contato foi um grande batismo. Ali se iniciava um processo de legitimação da minha ação enquanto terapeuta. Essa sensação durou um longo período, em que foi sendo formulada a noção da falta de um beneplácito. Um carimbo.

Muitos anos se passaram antes que eu fosse para minha primeira experiência psicanalítica. Terapias eu tinha feito muitas. A primeira foi um fracasso. Não por falha do analista, mas por fatores de foro íntimo do momento que eu vivia. Veio a segunda. Veio a terceira. Parecia que não dava certo, mas eu não me sentia derrotada. Aí chegou a definitiva, com dona Virgínia Leone Bicudo. Desde a entrevista inicial eu estava inteiramente transferida. E assim foi por dez anos. A análise nunca me pesou, nem financeira, nem emocionalmente. Sempre valeu a pena. Envolvi-me no processo analítico como se nunca tivesse estado em outro lugar. Finalmente eu podia desejar e ter o que nunca confessei que queria. Desconfio que na verdade eu herdei o desejo de ser uma das filhas de psicanalista com quem minha mãe brincava, em cuja companhia ela formulou o desejo de ser médica-psicanalista. Estar ali no divã da dona Virgínia era resgatar a dívida de uma herança não recebida. Ou será a herança de uma dívida? A função de dona Virgínia, naquele momento, foi tornar a minha autonomia comportamental, de fazer tudo que eu queria, numa autonomia psíquica. Sempre fiz o que pensei querer. Não vivi a vida da minha mãe diretamente, mas em algum patamar os vasos comunicantes permaneceram ligados entre nós duas. E eu me confundi. Curando-me da transferência, vivi o fim de um trabalho de separação com a minha mãe. Fisicamente, as duas eram tão parecidas! A mão de uma era igual à mão da outra. Comecei a análise com dona Virgínia poucos meses depois da morte da minha mãe, eu já podia traí-la? Talvez.

Durante os quatro primeiros anos, não me comprometi com a psicanálise mais do que pedia minha condição de analisanda. Mas isso eu fiz com todo o empenho. Vivi nesse período conflitos muito graves com os meus dois filhos menores e finalmente, logo depois do casamento da minha filha mais velha, chegou a vez de uma separação bastante dolorosa de um companheiro com o qual vivi cerca de 12 anos. Nos últimos tempos, eu já namorava a ideia de ingressar no Instituto de Psicanálise. Logo depois da separação, ou quem sabe foi um pouco antes, rompi com o trabalho de abordagem corporal e fui me aproximando de um trabalho analítico.

Meu primeiro namoro explícito ao me afastar da abordagem corporal foi com a Sociedade Junguiana. Cheguei a ir a um Moitará (Seminário Anual da Sociedade de Psicologia Analítica). As leituras que fiz não me convenceram, e sem muito conflito assumi o desejo de me candidatar à Sociedade. Fiz as entrevistas e aceitei o fato de ter sido aceita com uma naturalidade irreal. Isolei-me da possibilidade de não ser aceita, e por sorte não me recusaram. Comecei a frequentar as aulas e os seminários como se fora uma jovem senhora em começo de carreira. No início, ignorei o olhar de estranheza que me lançavam os colegas. Não deixei o olhar dos outros estragar a experiência de estar onde sempre quisera ter estado. Eu fazia de conta que não passara pelos atalhos por onde perambulara. Era bastante estranho encontrar pelos corredores e no auditório atuais colegas que tinham sido meus alunos na USP e no Sedes. Dentro e fora da IPA, ex-alunos meus tornaram-se meus mestres: Elias Rocha Barros, Marie-Christine Laznik e Maria Rita Kehl abrigam-me confortavelmente num aconchego de amizade que a troca de posição não alterou.

Eu não me sentia num lugar privilegiado, mas no lugar desejado. Ao chegar aonde quisera ter começado, brinquei de me fazer principiante. O que sabia, se por acaso soubesse, não importava.

Quis saber tudo de novo. Levei muitos pitos ou interpretadas de dona Virgínia por permanecer fiel a essa falsa postura lúdica.

Eu já tivera algumas atividades profissionais nas quais me saíra razoavelmente bem. Havia sido professora do Departamento de Psicologia Social e do Trabalho no Instituto de Psicologia da USP. Lecionara na Fundação Getulio Vargas. Fiquei por 20 anos no Sedes, onde tinha criado e coordenado o curso de Terapia Corporal. Em cada uma das múltiplas etapas profissionais, tive meus triunfos e constituí amizades duradouras. De certa forma, posso dizer que meus atalhos tinham gerado curtos períodos de euforia, mas não de alegria. O companheiro, Ernesto René Sang, de quem me separei algum tempo antes de entrar no Instituto, era um psicanalista fervoroso, que fizera sua formação como primeira escolha, antes mesmo de diplomar-se. Que inveja!

Durante cerca de cinco anos tivemos, Ernesto e alguns amigos, um grupo de estudos de Freud com o professor Luís Monzani. Nesse grupo, Freud passava por uma leitura não clínica, mas do tipo que se fazia no curso de Filosofia. Uma análise do texto com referência à gênese de cada ideia. Faltava, então, para mim, a leitura do Freud técnico e metapsicológico. Os anos de formação no Instituto me trouxeram a oportunidade de discutir esses e outros textos, além de fazer leituras de Melanie Klein e Bion – que confesso terem me interessado, na época, um pouco menos do que Freud. Com o correr dos anos, minha mente foi se acostumando à luz desses outros caminhos, por onde andei e ando, porém sem paixão. Provavelmente, a paixão do Monzani por Freud impregnou-me de Freud. Os cursos do Bento Almeida Prado sobre a inserção da psicanálise no pensamento filosófico, passando por

Bergson e Merleau-Ponty, também foram decisivos para a estabilização da minha paixão.

Foi muito difícil, em vista do meu passado, adaptar-me às exigências da técnica de ascese e assepsia. Eu viera, afinal, do magistério, das técnicas de treinamento, todas escolas intervencionistas como são a maioria das abordagens corporais – que, mesmo quando interpretativas, trazem em seu bojo o modelo a ser aproximado ou alcançado. Trazem ainda um pressuposto de certo e errado, que por sorte na psicanálise está ausente.

*

A liberdade e a autonomia proposta à mente do analisando no processo analítico correspondiam ao meu ideal de relacionamento. É aí que me encanto e me ufano da psicanálise. É o igualitário na diferença que percebo como ideal a ser alcançado. Ele é difícil para o meu cliente e continua para mim difícil no meu dia a dia. Esta aí o desafio cotidiano que não me deixa enjoar. A minha tarefa diária exige correção de rumo a todo momento. E quando o equilíbrio se instaura é por pouco tempo. Quando entramos em sintonia com a condição ideal de relacionamento, inunda-me a alegria de estar podendo. De ter conseguido. Mas esta logo se dilui, ou porque a sessão acabou, ou porque as duas vontades retornam à luta. Luta consigo mesmo, não entre si.

*

Tive uma cliente a quem sou muito grata. Ela me fez analista. Eu não trabalhava mais com técnicas corporais, mas não tinha entronizado o divã, símbolo da ruptura do olhar. Dizem que o divã não faz a psicanálise, mas a ruptura do olhar é uma parte importante dela. Essa moça estava bastante ligada à mim. Nós trabalhávamos a necessidade de ela mudar de analista, uma vez que começara um curso de formação no Sedes. Um dia ela chegou ao consultório, em que por herança dos tempos de trabalho corporal e de grupo o assoalho era coalhado de colchões, colchonetes e almofadas, e fez uma revolução. Entrou, pôs três colchões um em cima do outro, uma almofada atrás e disse: "Você senta aí, na almofada". E deitou-se de costas para mim no "divã". E tudo mudou. Sem querer mudei minha sintaxe e ela mudou de assunto. E eu saí correndo para confessar o meu crime a um amigo psicanalista. Lembro-me de lhe ter dito algo que soava como: "Perdoe-me porque pequei. Deixei-me seduzir". Ainda bem que ele me absolveu. E a partir dali meus clientes todos foram deitando nos colchões como se estivessem havia muito tempo esperando por aquela configuração. Nunca tive as dificuldades que alguns colegas relatam de os clientes não quererem deitar no divã.

Durante três anos e meio fiz supervisão com o Luiz Meyer, o amigo que me absolvera. E logo depois para a supervisão oficial. Não tenho certeza, mas acho que foi mais ou menos nessa ordem.

Eu não poderia deixar de mencionar um analista que para mim é muito especial: Sándor Ferenczi. Ele foi parte da juventude da minha mãe (na época, eles não se conheceram pessoalmente). Tinha "formatação" húngara, que encontro em mim também: curiosidade interdisciplinar, participação política e grande liberdade de ação para experimentar. Herdei dessa geração uma liberdade enriquecedora.

Eis que meu contato com Sándor Ferenczi e a psicanálise húngara, a respeito de cujas origens eu já tinha escrito mais de um artigo, foi reavivado quando de uma inesperada visita. Veio a

São Paulo para uma visita informal à dra. Lívia Nemes, que tinha sido presidente da Sociedade de lá. Informada de sua chegada, a diretoria convidou-a para uma palestra, da qual fui tradutora. O contato com a dra. Lívia redespertou meu interesse por Ferenczi e Hermann. De Ferenczi eu já tinha ouvido falar bastante, mesmo antes de entrar para o Instituto. Afinal, ele era o xodó dos heterodoxos. Foi um pensador que tratou questões técnicas de maneira ousada, sem contudo chegar a romper com a instituição. Dizem – e assim penso eu – que se tivesse sido um pouco mais distante do Freud e menos submisso, não teria sido tolerado. Américo Hermann, por outro lado, pertence a um ramo da psicanálise que mostrou interesse não só pela clínica, mas também por aspectos antropológicos e culturais. Hermann faz parte do núcleo de psicanalistas húngaros que não imigrou nem em 1939 (fugindo da guerra) nem em 1946 (fugindo do comunismo). Permaneceu na Hungria quando quase todos saíram. E podemos dizer que fez escola.

Não creio que caiba aqui uma apresentação das vicissitudes da psicanálise húngara de 1914 até hoje. Contudo, é impossível compreender suas especificidades sem levar em conta as inúmeras transformações pelas quais o país passou até a abertura – ou o levantar – da cortina de ferro. A liberdade técnica de Ferenczi foi muito oportuna para orientar o trabalho institucional dos psicanalistas húngaros. A influência antropológica, literária e das ciências humanas em geral encobria o que para nazistas e comunistas a psicanálise apresentava de mais ameaçador. A liberdade e o isolamento do *setting* analítico dificilmente se coadunavam com o amplo movimento de massas dos "ismos" em geral.

Em 1919, durante seis meses, a Hungria conseguiu formar um governo comunista. Nesse período, pela primeira vez no mundo, a psicanálise tornou-se matéria do curso de graduação em Medicina. Coube ao professor Ferenczi dar a primeira aula. Aparentemente, um fato de tão curta duração poderia não ter importância. No entanto, na história da psicanálise esse tipo de institucionalização era muito importante. Durante o stalinismo, os psicanalistas húngaros ficaram completamente isolados, porém não desapareceram. Sua história só pôde ser contada depois da Revolução de 1956.

A psicanálise húngara, aquela que passa pela literatura, pela antropologia, pelo trabalho de treinamento empresarial e não só pela clínica propriamente dita, quase acompanha o meu caminho profissional. No contexto húngaro, a psicanálise era o visor pelo qual se observava o mundo – e por esse mesmo visor aquilo que foi observado passava em seu caminho para introjeção. Enquanto a psicanálise ocidental foi se direcionando para o trabalho clínico propriamente dito, a psicanálise húngara não negligenciou o contexto do qual analistas e analisandos se alimentavam.

*

As senhoras do cabeleireiro, os imigrantes de pós-guerra, meus alunos, os trotskistas, os futuros grandes políticos de Nova York, São Paulo e Rio... A todos escutei com interesse. Eu me detinha nas motivações e na dinâmica interior. A posição social e o poder que detinham me interessavam pouco.

Diante do cliente jovem/velho, rico/pobre, poderoso/impotente, a minha escuta é sempre igual. Assim me treinei e pratiquei. Todos iguais para uma orelha analítica.

O dilema da primeira pessoa

Às vovozinhas sempre foi permitido contar as histórias "do seu tempo", e todo mundo ficava em volta para escutar! Nem precisavam ser histórias emocionantes, como de guerras ou cataclismos. Podiam até não ter heróis, mártires ou santos. Importava poder imaginar como era a vida em outros tempos e em outros lugares. As histórias podiam ser sobre festas e separações; encontros e tristezas; descobertas e esquisitices.

Um dia, na década de 1940, minha vizinha Odette foi passar férias no Rio de Janeiro. Era a primeira da rua a ir conhecer a capital da República. Viu o Corcovado, o Pão de Açúcar e foi até o Paquetá. E nós todos – que nunca tínhamos estado lá – viajamos pelos olhos de Odette quando, na volta, ela nos encheu de histórias. Tudo isso há uns 60 anos... Era um mundo sem televisão; um mundo em que as fotos mais precisas eram os cartões postais e talvez as publicadas pela revista *O Cruzeiro*. O mundo da imagem estava só começando. Naquele tempo, contar histórias não era só transmitir um sentimento, uma surpresa ou um desencanto. Era também descrever a imagem do pôr do sol fazendo sombra no Corcovado. Desde então o mundo inundou-se de imagens: as mídias impressa e eletrônica nos trazem o que queremos ver clicado no melhor dia, na melhor hora, pelo melhor fotógrafo ou cinegrafista. Aos contadores de histórias sobrou o relato dos grandes feitos, o que ocorre sob a luz de possantes holofotes; às testemunhas restaram os relatos ocasionais daquilo que ocorreu.

Antes dessa nossa era – a da imagem – as notícias e informações da vida de cada um iam por carta; ficavam nos diários e nos álbuns de fotografias. Assim se guardava o banal bem vivido. Tão bem vivido que não queríamos arriscar perdê-lo na memória.

A vitória do universo da imagem atrapalhou uma certa forma de subjetividade. O telefone banalizou o encontro, por exemplo. O telegrama eliminou outras distâncias. Sub-repticiamente, sem avisar, o mundo que Andy Warhol tão bem definiu ao falar do direito de cada um aos seus 15 minutos de fama estava instaurado. Publicar tornou-se um *must*. Se escreveu, tem de publicar, nem que seja num jornal de parede! No meu caso, são tentativas de captar os 15 minutos de fama que sinto que me são queridos. Mas o espaço da mídia – tanto faz qual seja – não é infinito, nem dá para todos. Publicar virou refúgio de heróis, mártires ou de muito desgraçados. A vitrola, hoje chamada de "som", enterrou as harmônicas e as flautas. Os pianos estão fechados. Restam as bandas de adolescentes, que praticam na garagem para um dia ganhar holofotes e aplausos. O homem comum ficou sem palco. Nem as vovozinhas encontram ouvintes. Elas compõem com a tevê. Mergulhamos no universo hollywoodiano.

O testemunho pessoal, no século passado, só valia se fosse de alguém famoso. O diário, a crônica e a carta não tinham valor em si: ficavam na cauda da fama. Ao já famoso – e somente a ele! – havia público para se mostrar, opinar e confessar-se. O eu dos autores ficava encoberto. Aparecia somente na pele do narrador.

Alguma coisa está mudando no horizonte. O mercado editorial, de novo, nos traz biografias, autobiografias, crônicas e relatos de experiência de qualquer um de nós que sente sua experiência como valiosa e está disposto a escrevê-la, fotografá-la ou filmá-la. Vide o enxame de livros de autoajuda, quase sempre trazendo experiências pessoais bem-sucedidas. Quase sempre sem amostra estatística ou grupo de controle. O "comigo foi assim", o "assisti", "contaram-me" voltam a valer. Essas são as prateleiras de livros do Eu. Do outro lado, encontram-se os livros com tabelas, números e curvas embasando cada afirmação. Aí não existe Eu! Só "nós" e "eles"...

Para quem domina alguma técnica, conhece bem um assunto, dá cursos ou workshops para alguns interessados, os livros do eu são quase uma volta ao tempo das histórias das vovozinhas.

Cada vez mais os leitores recebem – e aceitam identificar-se com – a experiência do homem sem fama, do homem comum, que por acaso capta e relata a própria historicidade (matéria que não se ensina na escola). De certa forma, muitos de nós voltaram a ser contadores de histórias.

No tempo da hegemonia do narrador, era impossível imaginar esse momento em que vivemos. A necessidade de se expressar que todos têm – e alguns levam a cabo melhor que outros – mantém viva essa gangorra em que os fenômenos não desaparecem, mas se transformam. E nós, que pensávamos que a ciência mataria a "velha" subjetividade, encontramos a coexistência de indivíduo e estatística.

A experiência do homem comum; a atenção que a indústria editorial e a mídia em geral vêm lhe dando merecem uma consideração especial. A igualdade aparece ao vivo e em cores nesse processo.

Descrever-se sem exaltar-se é prédica da liberdade que há em ser igual.

De lá até aqui

Meu caminhar pelo mundo começou bem cedo e só foi parar muito tarde.

Eu não tinha nem 4 anos quando a saga começou. As primeiras mudanças de endereço não foram de minha lavra, mas nem por isso se mostraram menos importantes. Fui trazida às pressas da Hungria para o Brasil. Hitler estava se movimentando bem rápido, ameaçando especialmente os judeus – pelo menos naquela época. Sabemos que, depois, ciganos, comunistas e até certos tipos de capitalista entraram na brincadeira de morrer e matar.

Lembro-me da estação de trem. Nós três na janela – pai, mãe e eu – e na plataforma a família que nos olhava como se fora pela última vez. Muitos nunca mais se viram, de fato. Alguém, algum parente, me entregou pela janela uma enorme boneca de cabeça de louça – aliás, a única que tive. Essa breve cena ficou impressa na minha retina, como foto em branco e preto. Tenho uma vaga lembrança de outras estações de trem por onde passamos, onde subiam e desciam passageiros. Mais tarde, vim a entender – porque me contaram a história – que uma das estações foi a de Trieste e o ponto final da nossa jornada foi Gênova, onde tomamos o vapor que em 15 dias chegou ao destino final – Santos, Brasil.

Tudo isso foi em agosto de 1939. O Conte Grande chegou a Santos no dia 23, exatamente uma semana antes de estourar a Segunda Guerra Mundial. Durante a parada em Trieste, muitos desceram do vagão à procura de alguém de flor vermelha na lapela que ia entregar certos documentos a uma jovem que casara por procuração, a fim de obter um visto de entrada no Brasil. Naquela época, Getulio Vargas não sabia direito o que fazer – se ficava com os aliados ou os países do Eixo, mas, pelo sim, pelo não, dificultava a entrada de judeus. Tenho na lembrança o escuro e a multidão no meio da qual todos procuravam o homem de flor vermelha, aquele que tinha os documentos da Greti. Tínhamos de achá-lo logo, senão o trem partiria. Durante muitos anos, mantivemos contato com Greti e seu marido. Depois, com o tempo, sei lá o que aconteceu; deixamos de nos ver. A bem da verdade, sei o que aconteceu, apenas é doloroso lembrar. No trem e no navio, Greti e meus pais pareciam pertencer à mesma classe socioeconômica-cultural; aqui no Brasil, ou nós descemos na escala e eles subiram ou se mantiveram onde estavam: desencontramo-nos.

Mais de sessenta anos depois, a quem mais senão Greti me telefonou, e ocorreu um milagre que me impactou e paralisou. Ela tinha visto um artigo meu em algum lugar, procurou e encontrou meu telefone e me ligou. Eu falo um húngaro infantil, pobre – há mais de 30 anos não falo húngaro com quase ninguém. Sempre que retornava à Hungria eu retomava a fluência e logo depois a perdia. Assim que Greti se identificou, um húngaro que não me lembro de jamais ter falado jorrou – falei dez minutos ou mais com ela, como se uma húngara da gema. Marquei um encontro com ela, desmarquei e nunca mais a procurei. Desbloquear um recalque é perigoso; acho que resolvi estancar antes da dor. Se junto com o húngaro outras coisas estavam enterradas, que ficassem lá, para toda a eternidade.

O fato é que chegamos a São Paulo e parecia que jamais chegaríamos ao Brasil. Lembro até hoje de mim mesma reclamando:

"Quando é que vamos chegar ao Brasil se nunca chega a hora de sair de São Paulo?" Diante dos meus 3 anos e meio de idade, a noção de que São Paulo ficava no Brasil era incompreensível. Devo ter me conformado em alguns poucos meses.

Ao que parece, levei um tempão para abrir a boca em português. Contaram-me que, depois que abri a boca para dizer "vem cá", desandei a falar português fluentemente, como falei húngaro 60 anos depois com Greti.

No começo, moramos na Martim Francisco por alguns meses. O prédio está ali ainda hoje, até que bem conservado. Morro de vontade de entrar nele, mas não ouso. Uma vez estourada a Guerra, Getulio foi obrigado a escolher um dos lados. Decidiu-se pelos Aliados. Baixou um decreto que tornava permanentes todos os vistos temporários e de turista aos que desejassem, uma vez que voltar à Europa era difícil. A guerra fechara o Atlântico para os viajantes. Para os que queriam ficar só havia um senão: era preciso sair da capital do estado. Como tínhamos vindo com visto de turista, fomos agraciados pelo decreto e mudamos para Santo André rapidinho. Moramos lá por apenas um ano.

Quando voltamos a São Paulo, fomos direto morar na Lapa. Meu endereço, onde lancei raízes e formei minha índole, era rua Trindade, 116. Lá tinha pé de hortênsia, duas pereiras e algumas parreiras. A depressão dos meus pais impediu que eles tornassem aquela casa habitável. O que quebrava ficava quebrado, o que caía ficava caído. O mato crescia e eu também. Essa terrível depressão, rodeada de sombras e de vultos assustadores de falta de perspectiva, nos afastou da Greti e de todas as outras pessoas do nível deles. Eles eram inteligentes e cultos, mas perderam o trem da história. Isso foi muito bom para mim. Encapsulados, nós três vivíamos densamente a nossa diferença. Só aos 17 anos fui perceber que havíamos ficado para trás. Todo mundo fez a América, menos nós. Mas o que importava aquilo, se minha mãe era capaz de responder a todas as minhas perguntas e meu pai também?

Nós tínhamos uma vida plena. Aos domingos de manhã, íamos a concertos no Municipal. Durante a semana, líamos dois jornais por dia (*O Estado de S. Paulo* e *A Gazeta*). Muitas vezes tínhamos de optar entre comprar o segundo jornal e o papel higiênico; o jornal ganhava. Também líamos muito livros que retirávamos numa biblioteca circulante da Congregação Israelita Paulista (CIP). Ficávamos encapsulados no meio de um mundo hostil. Que às vezes nos hostilizava e às vezes nos ignorava. Não me lembro de nenhum judeu da Lapa me ter convidado para qualquer acontecimento. Os vizinhos, árabes ou italianos, nos estranhavam. Imaginem só: aos 6 anos de idade eu já sabia de onde vinham os bebês. Se meus pais sabiam tanto, se eram tão maravilhosos, por que não enriqueciam como todos os vizinhos? Bem mais adiante na vida até eu me perguntava, mas na época blindada em nós mesmos tornei-me forte.

O nome da rua mudou para Cincinato Pamponet, mas nós não mudamos. O campinho que separava o muro da linha de trem foi minha grande liberdade. Depois virou favela, que nunca nos ameaçou. Um belo dia, a favela sumiu e o Mercado da Lapa nasceu.

De início tínhamos um salão de beleza, que foi virando devagar uma loja de roupas, depois duas, depois voltou a ser uma e então meus pais morreram. Tudo acabou em 1982. Eu mesma esvaziei a loja e vendi os saldos, para o comércio vizinho, a qualquer preço, e a Lapa acabou para mim. Mas eu já tinha mudado de lá havia muito tempo. Morei ali por apenas 12 anos; mudei para o Rio, fui para Nova York, passei alguns meses no Canadá. De volta a São Paulo, impus: não quero mais morar na Lapa. Fomos morar na rua Jaguaribe, bem pertinho do lugar onde eu tinha dito "vem cá". Pouco depois me casei. Fui morar nas redondezas, na rua Santa Isabel. Depois, passei por 20 lugares diferentes até me instalar na rua Pernambuco, onde fiquei por 18 anos – sempre morando de aluguel. Quando me mudei para este apartamento, ouvi da minha mãe o primeiro e único sinal de que ela nunca tinha morado como desejava: "Finalmente uma casa de bom burguês". Nunca na vida ela tinha se queixado de não ter sido bem-sucedida. Só eu sei como isso me fez bem e me tornou quem sou. Minha eterna gratidão ao silêncio.

Antes que a vida das pessoas fosse caso clínico

Rua Trindade, 116. Não foi lá que morei mais tempo na minha vida, mas foi lá que tomei forma. Estamos na Lapa, década de 1940, antes do fim da guerra. As ruas eram de paralelepípedos; as calçadas, cada um tinha a sua, e não podiam ser esburacadas. Existia fiscalização e multas. A frente das casas e das lojas só podia ser lavada até as 8 da manhã para não atrapalhar os pedestres, que naquele tempo eram de fato respeitados. A rua Trindade tinha duas fileiras de lojas, de um lado e de outro, e por ali passavam bondes e ônibus. Cada loja tinha sua residência. Poucos não moravam sobre suas lojas ou atrás delas. E eu tenho presente uma sensação de estabilidade. Eu sabia – erroneamente, digo agora – que nada jamais mudaria ali. Contudo, ocorriam mudanças que foram por mim metabolizadas como exceções. Eu não me sentia no meio de um processo: sentia-me definitiva. Quando abria uma loja nova, quando alguém casava, mudava um ponto de ônibus ou inventava um jeito diferente de fazer promoção de vendas, eu arregalava os olhos da alma em profunda comoção. Surpresa! Tenho a impressão de que eu não estava sozinha com essa sensação. Eu me acreditava parte de um todo sem história, vinda de perseguições nazistas, de uma imigração acompanhada de todas as inseguranças, sentia-me estável ali.

Estava ancorada para sempre, e eu sabia que aquilo era verdade na rua Trindade, 116. Talvez essa ilusão tenha criado a possibilidade de que eu tomasse rumo, lançasse raízes para crescer. Assim vejo eu hoje. Então, eu não via nada. Só vivia, sem questão, sem conceito. Era menina, e ficava horas encostada na parede do salão de cabeleireiro dos meus pais, ouvindo as histórias como se elas fossem o único contato com o mundo real que me rodeava e do qual me sentia excluída por ser imigrante estrangeira – por ser migrante do centro para o bairro, por ser judia, por não falar iídiche e não ser como os outros judeus da rua, por ser criança. Queria conhecer tudo aquilo de que era excluída.

Além das histórias contadas pelas clientes do salão, havia também histórias que eu ouvia mediada pelos comentários dos meus pais. Claro que feitos *a posteriori*, depois das 18h30, quando o salão era fechado – aquela era a hora em que se fofocava! Além disso, as mesmas histórias eram recontadas pelas funcionárias do salão, cuja escuta se tornava diferente: era a vila vendo o bairro; era a menina proletária vendo a mulher de classe média que ia ao salão. Tinha a menina ouvindo as histórias das funcionárias, as histórias das vilas. Tinha a mãe da menina comentando as mesmas histórias. Queria que a menina encostada na parede do salão de cabeleireiro pudesse ser a narradora dominante dessa outra história. E quem escreve agora é um pouco aquela menina: ela foi preservada, ela é preciosa. Testemunha viva, consciente, com ótima memória, de um mundo que acabou para ela. Quem sabe ainda existam em alguns lugares ilhas preservadas da influência da mídia impressa. Mas isso não me interessa. Eu quero ver se consigo ser ainda um pouco essa menina, embora ela tenha se tornado uma adulta que continua escutando. Agora uma escuta diferente, pois sua mente absorveu técnicas de observar, decodificar e recodificar histórias. De socióloga a psicóloga, de psicóloga a psicanalista, quero ainda reencontrar a menina que fui, encostada na parede. Escutando.

Escutava sem preconceitos, pois ainda não tinha os conceitos! Sem experiências prévias, pois tinha experimentado coisas dramáticas, mas poucas; afinal, tinha 5, 6 anos, e naquele ambiente permaneci até os 12. Naquela época, eu tinha a mente livre de qualquer saber, sem passado nem desejo. Eu nem sabia querer... Eu só queria – lembro-me muito bem do único desejo que tinha – que viessem freguesas falantes, que contassem histórias. Não gostava das caipiras de Gato Preto, por exemplo, subúrbio de Perus, que ficavam acanhadas no salão e não contavam histórias. Eu adorava as vizinhas, as húngaras que vinham da cidade e abriam seu coração durante as duas, três horas que ficavam lá.

Hoje, quando me ensinam, corrigem, e mesmo quando se prega entrar na sessão de análise sem história e sem desejo, lembro de mim mesma lá na Lapa. Quando eu voltava da escola, a única coisa que queria era escutar, conhecer o solo do mundo por meio das histórias. Eu sempre soube muito mais do que tinha vivido, como uma espécie de dona de pensão que conhece um tanto de história sem nunca ter saído da própria pensão. Claro que hoje, quando vou contar determinada história, não conto aquela que vi e ouvi. Hoje tenho muitas décadas a mais de experiência. É impossível ganhar de volta aquele vazio só-desejo-de-saber da menina. Mas lembrar como era ouvir me ensina a não esquecer de escutar. Naquela época, eu ouvia sem elaborar intelectualmente; era abalizada apenas pelas minhas pequenas invejas, comparações, vergonhas. Se hoje a minha escuta é bastante medicalizada, naquele tempo era uma escuta ética, repleta de certo/errado que não eram meus, mas de quem contava ou de quem comentava. Hoje já sou capaz de julgar, mas isso é feio. Melhor é classificar. *A posteriori*. O *a priori* ideal é a menina encostada na parede que não existe mais.

Seremos muitos, pois, contando as histórias. Porque quem sou eu para ser qualquer uma delas sem a outra? Será a menina mais os pais da menina, mais as funcionárias, mais as vizinhas, mais a menina que virou jovem revolucionária, mais a revolucionária que virou cientista social, e mais eu, que ainda anseio como sempre ouvir cada uma dessas vozes.

Seremos muitos, pois, contando as histórias. Não me iludo; não poderei falar de dona Naime ou de dona Aparecida como se fosse a menina. E pior: nem saberei falar como se fosse a analista, porque a menina vai aparecer. As memórias estão muito vivas. Separar a menina da adulta não é fácil, mas quero fazê-lo. Eis-me aqui com o desejo bem expresso: dar voz à menina para deixá-la contar pelo menos um pouquinho. Quero crer que a voz dela virá numa sintaxe especial para que todos possamos percebê-la.

Mas, afinal, quem será o narrador? Fica muito pobre, e bem será verdadeiro dizer que é a resultante do processo, isto é, eu, hoje, aqui, agora. Mesmo porque pretendo destacar sempre que possível a menina – e me sinto capaz disso, pois me exercito nessa posição algumas horas por dia no desempenho da minha profissão.

A menina sabia ouvir sem colocar o escutado em qualquer estrutura que lhe desse forma e significado. Eram apenas nomes de coisas e de atos, e suas qualificações. No momento em que tomamos esse conjunto e o inserimos numa estrutura espaçotemporal, entramos no universo dos conceitos; os nomes deixam de ser meros nomes. Estou me gabando de ter retido na memória a possibilidade da escuta sem estrutura, sem dimensão espaçotemporal.

Acredito que uma das razões que me permitem essa pretensão é que não escrevo: dito, e por isso escuto a mim mesma. Essa condição de quem fala me torna próxima da menina que ouvia enquanto continuo escutando a mim mesma. Sem a mediação da escrita eu fico bem lá atrás, pertinho donde se pressupunha que as palavras voassem. Acho que a mulher que fala no cabeleireiro não está nem pensando no cabeleireiro, muito menos em suas ajudantes: fala para si mesma como eu o estou fazendo agora, aqui. E por que não escrevo e sim dito? Porque o som me falta no escrever. Passei minha vida escutando. E continuo.

Todas essas memórias são cheias de sons e imagens da porta da cozinha. Eu via o quintal da dona Naime, muito maior que o nosso. Mas antes do quintal tinha um banheiro com seu chuveiro, e o tanque. Hoje, lembrando-me dessa família, surpreendo-me com como eles conseguiam viver com tão pouco conforto. Moravam na casa três mulheres – dona Naime e suas filhas, Odete e Lurdes – e os filhos, Eduardo, Zezinho, Fuad, Roberto e Walter (o caçula). Para todas essas pessoas, uma só privada, um só chuveiro; o tanque fazia as vezes de pia. Minha memória não acusa brigas por causa de chuveiro ou banheiro. Moravam todos os moços num quarto só, e as três mulheres em outro quarto. Apenas Eduardo, o primogênito, lindo, de olhos azuis, tinha um quarto inteirinho só para ele; e ainda tinha uma poltrona, coisa que não havia na casa inteira. Dona Naime cozinhava o tempo todo, quando não estava costurando vestidos para as filhas.

Toda semana ela fazia um vestido para Lurdes ir à matinê de domingo. Eu não tinha isso tudo, nem muito menos. Devia ter um só vestido de sair. Quando ficava pequeno, comprava-se outro. Essa diferença não me abalava. Na minha mente só existe o fato, não existe lembrança do sentimento, de inveja ou crítica. O que eu desejava era poder comer tudo que dona Naime fazia: ela amassava o quibe, recheava as folhas de uva, as folhas de repolho. Os cheiros da tarde me davam vontade de participar. Lá pelas 15h, cozinha já arrumada, as três mulheres ficavam em volta do rádio, passando a ferro, costurando ou preparando novos pratos. Enquanto isso, a Rádio Difusora e a Rádio São Paulo, a Bandeirantes, transmitiam hora após hora os nossos programas habituais. Aí, sim, eu queria. Queria estar lá com elas ouvindo rádio. Não me lembro de reclamar – com meus pais ou com Deus – por não ter rádio em casa; mas quando, em setembro de 1946, meu pai deu um desses aparelhos de presente para a família, eu me apossei dele e nunca mais fui à casa dos vizinhos. Eu ouvia novela da 13h30 às 20h. Havia uma falta reprimida que se comprovou *a posteriori*. Então percebi até que ponto sentira falta do rádio.

Na minha rua tinha muita neurose anônima

Eram dois os bondes que passavam em frente à minha casa. Um vinha da praça do Correio e outro saía dali mesmo e ia para a Vila Anastácio. Os da Vila Anastácio andavam num trilho só. Quando um estava indo, o outro estava voltando; não sei exatamente como eles não se trombavam. Lembro que um esperava o outro passar em certos lugares. Tinha ônibus também: o 35 e o 36, que vinham da cidade. Para minha casa vinha o 35, cujo ponto final variou no decorrer dos anos, entre as ruas Trindade, 12 de outubro e Martim Tenório. O ônibus 36 vinha pela Clélia, quase até o Alto da Lapa. A Lapa era dividida, assim como a Gália, em três partes: Lapa, Lapa de Baixo e Alto da Lapa. A Lapa de Baixo não tinha ônibus direto para a cidade. Quanto a cinemas, havia dois: o Recreio, na Lapa de Baixo, e o Carlos Gomes, na Lapa. Mais tarde, já nos anos 1950, o Cinema Nacional foi inaugurado na rua Clélia.

A Lapa tinha uma professora de piano muitíssimo prendada. Na placa que ficava em sua porta ela informava ter se formado no Conservatório Dramático-Musical de São Paulo. Seu nome era Amnésia (?) Iris d'Angelo. Ela lecionava na sala da frente de um sobrado. Diziam que ela tinha um noivo. Amnésia não dava aula só de piano: também ensinava corte e costura (que, ao contrário do piano, ela não dizia onde tinha aprendido). Na mesma rua, sem qualquer placa, lecionava violino o professor Miguel, um senhor de idade que contava histórias sobre o tempo em que tocava

nos cinemas, quando os filmes eram mudos. Tanto o seu Miguel quanto a dona Amnésia moravam com a mãe; ele não só com a mãe, mas também com mulher e filhos. Anos depois, ambos abriram escolas de música em diversos pontos das várias Lapas. Mas isso foi muitos anos depois da década de 1940.

A Lapa tinha alguns médicos e dentistas. Poucos eram *oriundi* do próprio bairro – uma espécie de território sendo colonizado pelos recém-formados nas universidades públicas. Três eram também os salões de beleza: a Casa Martins, o do meu pai e o da dona Elizabeth, que eu intuía ser um estabelecimento melhor, mais chique. Estou me lembrando de outro nome, Isolina, mas não consigo recordar onde ficava esse salão – talvez na rua Anastácio. A impressão que me ficou é que eu sentia tudo como eterno e imutável. A minha consciência encontrou a Lapa com esses ônibus, esses bondes, esses trens. Trens da Sorocabana que não paravam; trens da Santos-Jundiaí que paravam, e as pessoas que trabalhavam com a gente no salão de meu pai: as empregadas, as manicures, as faxineiras tomavam trens para Pirituba, Taipas, Caieiras, Perus, Juqueri. Alguns desses lugares mudaram de nomes: Juqueri virou Franco da Rocha, Taipas virou Parada de Taipas, mas Pirituba ficou Pirituba mesmo, e Alto da Lapa também. A Lapa tinha uma constelação de subúrbios além dos que enumerei, todos servidos pelos trens: Vila Anastácio, Vila Leopoldina, Vila Hamburguesa, Vila Ipojuca. A Lapa de Baixo tinha seus subúrbios também: Piqueri, Bonilha, Moinho Velho, Freguesia etc. A população dessas regiões vinha se abastecer de mercadorias e serviços na Lapa, pois naquela época não havia comércio na Lapa de Baixo e no Alto da Lapa.

FRAGMENTOS DE UMA VIDA

Certas lojas eram filiais e não tinham donos, mas gerentes. Estes não moravam nos fundos das lojas, portanto não tinham filhos a brincar no portão na fresca do entardecer. Havia as Pernambucanas e a Weigand. Há algum tempo descobri que ainda existe Weigand na Barra Funda. A Cincinato Pamponet, ex-Trindade, ficou chique demais para esse tipo de comércio. Tinha um depósito de material de construção, uma sorveteria da família Medaglia e a grande glória da rua: a Pizzaria do Sbrighi. Tudo começou fazendo-se pizzas e terminou virando rua Ceno Sbrighi, lá na Lapa de Baixo, onde ficam a rádio e a TV Cultura.

Quando chovia, o Tietê subia e o pessoal do lado de lá do rio não vinha trabalhar porque não conseguia atravessar a ponte. Durante muitos anos os cabelos eram cortados nesses três salões; as permanentes eram todas feitas ali. Estudava-se no Pereira Barreto e na Anhanguera, que eram públicos. Já Barbosa Lima, Campos Sales e Santa Catarina de Siena eram escolas particulares. Na Lapa de Baixo havia um grande Parquinho, que era a pré-escola modelo daquela época. Só muitos anos mais tarde é que veio o primeiro hospital: o Sorocabano. Até a década de 1950 o hospital mais próximo era o Santa Cecília, na Marechal Deodoro.

Tratava-se de um tempo em que não havia riqueza nem miséria; tempo em que as pessoas se conheciam, estabeleciam grande intimidade, mas não tinham o hábito da frequentação. As famílias e os vizinhos reuniam-se nas grandes efemérides: batizados, primeira comunhão, casamentos e enterros, formaturas. Quando alguém se mudava, o relacionamento se desfazia muito rapidamente, a não ser que houvesse compadrio. Não era solidariedade comunitária o que ligava os vizinhos, nem origem comum ou idêntico estilo de vida: era contiguidade, a calçada frequentada por todos ao cair da noite, o ritmo de vida.

Podia a religião ser diferente, o passado ser diferente, a origem ser outra na brisa da noitinha. Nos bairros residenciais, as pessoas iam para o portão depois da "janta". Ali conversavam os adultos e brincavam as crianças. Não se vislumbrava o enriquecimento: a perspectiva desejável e possível parecia ser a sobrevivência tranquila. Estávamos em plena ditadura Vargas e em meio à Segunda Guerra Mundial. O surto de prosperidade arrematou os mais empreendedores e gerou uma decadência visível entre uns e outros. De repente, percebi que o bairro explodiu. Não foi uma revolução, não foi uma decisão. A calçada deixou de ser ponto de encontro, pois os que enriqueceram se mudaram. Cada dia alguém se mudava de determinado sobrado e em seu lugar instalava-se um médico, um despachante, um contador. Uma loja tradicional era vendida para um banco. Um sobrado virava prédio de três andares. Uma grande pizzaria se transformava em quatro lojas. No começo, cada uma dessas mudanças era assunto de todos, porque ainda todos se conheciam. Quanto dinheiro esse ou aquele ganhou na venda ou na compra? Todos sabiam de tudo.

A grande quantidade de ônibus que saíam da Lapa para as vilas – que surgiam como cogumelos na umidade – encheu as ruas de pontos finais. O bairro que já tivera seus médicos que todos conheciam e conheciam a todos foi, de repente, povoado por especialistas desconhecidos. No início, lembro-me do dr. Cincinato Pamponet, que era médico generalista, negro, comunista e trabalhava num sobrado da Doze de Outubro, em frente à rua Trindade. O nome francês vinha do dono do pai do dr. Pamponet, que fora escravo de um fazendeiro baiano com esse nome. O filho dele, neto de escravos, pois, se formou médico. Foi meu pediatra.

Não se sentia preconceito. Acho que naquele tempo ainda se conseguia admirar o homem em vez de nos perdermos em apontar diferenças que tornam difícil a comunicação. Os Pamponet eram médicos, negros, comunistas e nem por isso estranhos ao resto da comunidade. No grupo escolar, a melhor professora também era negra. Não me lembro de ninguém falando sobre dona Tonica com desdém. Falava-se sobre a sua severidade, isso sim! Já vai longe o tempo em que os diferentes podiam conviver no caminho da civilidade, da competência e de outras qualidades humanas. Hoje, as mínimas diferenças – como diz minha amiga Maria Rita Kehl – são o bastante para segregar, separar, gerar desunião. Naquele tempo, o nome Pamponet tornou-se nome de rua: a Trindade virou Cincinato Pamponet.

Havia também a senhora Sbrighi, grande pizzaiola. Teve um filho que se fez médico, e na faculdade conheceu Berta, filha de um rabino. Casaram-se. Mais dois médicos novos no bairro. O pai de Berta nunca mais lhe dirigiu a palavra por ela ter se casado com alguém de fora da comunidade judaica. Mas, apesar de tudo, ela respeitava os grandes feriados judeus. Na década de 1980, encontrei a velha pizzaiola, mãe do médico. Pedi-lhe que me fizesse uma pizza de cebola. Queria desmistificar uma memória olfativa que se impregnara em mim e a qual nunca encontrei concretizada em nenhuma outra pizzaria do mundo. Tendo me passado para trás com sua esperteza, ela me mandou a pizza. Sou obrigada a confessar que a diferença e a especificidade não eram fantasias: a pizza dela, feita 40 anos depois, era igual à da minha memória.

Nessa ocasião, a senhora Sbrighi me contou que quando trabalhava na boca do forno tinha consciência de que cada pizza era um tijolo das casas que ela queria construir e ter. Estávamos num quarto em que havia uma prateleira de parede inteira. Nela se apoiavam uns dois metros de pastas em pé. E ela me disse: "São escrituras dos imóveis que possuo". Pensei eu: de pizza/tijolo em pizza/tijolo... Nessa ocasião, a senhora Sbrighi já morava nas Perdizes, no fundo do Palestra, seu orgulho. Da década de 1970 em diante se tornou impossível morar nas ruas centrais da Lapa: o comércio invadiu tudo.

Na década de 1940, São Paulo tinha como que um caramujo de bairros. Na parte mais externa desse casco estaria Santo Amaro; no âmago dele, o Bexiga e o Centro. Nessa trajetória passava-se pelo Tamanduateí, pelo Tietê e pelo Pinheiros, nossos três grandes rios.

A cidade de São Paulo cresceu em direção aos bairros – no caso, à Lapa. A Lapa se expandiu inflada pelas vilas que a rodeavam, e mais e mais vilas foram se formando. Santana, Ipiranga, Mooca, Pinheiros, Itaim, Santo Amaro e Moema tiveram o mesmo destino. Ainda me lembro do tempo em que todo mês nós íamos à "Cidade" – como então se chamava o Centro – pagar contas. Até o início da década de 50, a vida financeira ocorria no centro bancário da cidade. A luz se pagava na Light ou na praça Ramos de Azevedo; a água, na rua Riachuelo; duplicatas e outras operações de crédito e financiamento, na Boa Vista e na Quinze de Novembro. Compras requintadas eram feitas no Mappin, na rua Direita e na São Bento. A Lapa não tinha banco. Para realizar qualquer um desses movimentos era preciso tomar o bonde ou o ônibus. Ir à "Cidade" era um programa. Os médicos, dentistas e outros especialistas; os alfaiates e as grandes costureiras ficavam entre a praça da República e a Ramos de Azevedo. Ali também estavam as grandes farmácias (Drogadada e Drogasil), abertas nos fins de semana e à noite. Quando se precisava de um remédio à noite, era necessário ir ao Centro. Mas a respeito do caráter centrípeta de São Paulo do meu tempo falarei em outro momento. Por ora, basta dizer que a Lapa exercia também uma força centrípeta em relação ao seu colar de vilas. Era consenso: em volta da cidade ficavam os bairros, e em volta de cada bairro ficavam suas vilas. E assim foi se adensando São Paulo, cheia de loteamentos espontâneos. Tudo antes de qualquer plano diretor. O padre Lebret e seu urbanismo vão nascer daqui a alguns anos. Nessa época, década de 1940, foram rasgadas grandes avenidas, como a Ipiranga, a Nove de Julho e a Rebouças.

De repente, num piscar de cinco ou dez anos, tudo mudou. Cada uma dessas mudanças acarretou uma revolução social; cada lugar tinha um símbolo. Na Lapa predominavam os autônomos; na Lapa de Baixo, os assalariados; no Alto da Lapa, os ricos (o Alto da Lapa foi um dos primeiros empreendimentos da City, que loteou bairros como Pacaembu, Sumaré, Vila Romana, Jardins... Portanto, lá moravam os ricos).

Quando me mudei para a Lapa, em 1941, a rua era quase homogênea: composta de filhos ou netos de imigrantes, com cerca de 30 anos e filhos pequenos, que foram para lá num movimento tipo "fazer a América". Ali estavam os italianos que num primeiro momento se alojaram nas fazendas do interior e depois de algum tempo arriscaram-se a se instalar na cidade. Creio eu que Lapa, Brás e Mooca formaram suas colônias italianas: no Brás, os italianos que foram para o Vale do Paraíba, e na Lapa os que vieram do interior do estado. Afinal, Lapa e Brás eram os primeiros pontos urbanos das linhas de trem. Mas, voltando à rua Trindade, tínhamos também uma comunidade judia e outra árabe ou turca, como se dizia. Queriam "fazer a América" os comerciantes, os médicos, advogados e dentistas. Acertaram os que para lá foram. Quase todos ficaram ricos.

Essa foi a Lapa que ouvi ressoar no salão de beleza dos meus pais. Não sei se tudo que digo aqui é exatamente a verdade, mas assim ficou gravado com absoluta nitidez na minha cabeça. O tempo em que a rua Trindade era como eu a tenho guardada pode ter acabado, mas para mim tem toques de uma vida inteira. Não consigo introduzir nesse quadro sequer uma palavra histórica: qualquer noção de movimento são quadros que se sucedem, tempo que passa, e eu fico com uma imensa saudade da única época feliz em que tudo que eu percebia eram as minhas únicas memórias; em que o fato não se misturava com as causas e os efeitos; em que a forma não se distinguia de conteúdo. Ficou-me a memória de uma condição ou relação em que não havia nada oculto, disfarçado ou misterioso. Um universo de "o que" e não de "por que". Viver? Eu vivia sem demanda de explicação.

Não imaginem o choro saudoso. Um pouco de saudade não podemos evitar. Não quero a década de 1940 de volta, mas também não quero que se perca aquela Lapa em que cada casa tinha uma loja, cada loja tinha uma moradia nos fundos ou no alto, e as longas escadas tinham cordõezinhos acompanhando o corrimão que se amarravam no trinco, que se abria sem precisar descer. Cada loja tinha um dono que, para os meus 5 anos, pareciam velhos, mas, pela idade dos filhos, não tinham mais de 40. Eram imigrantes de primeira geração, todos *self-made merchants*. Nos fundos das casas havia uma vegetação que não devia dar muito trabalho, porque toda energia era voltada para o comércio. Hoje minha rua teria neuroses para alimentar muitos pares de analistas. Mobilidade social sempre desestabiliza a vida mental. Só que naquela época nem se pensava nisso.

Vendo minhas memórias com os olhos de socióloga, psicóloga e psicanalista, faço inúmeros diagnósticos, e admiro como a dor psíquica ocupava outro espaço na escala de valores de cada um. A dor psíquica é uma coisa a ser evitada, o que até certo ponto se conseguia. Quero contar a história de umas quatro famílias da minha rua. Essas histórias eu conheço de ouvido. Histórias que hoje seriam casos clínicos.

A família de Lia

A rua tinha 256 metros e ficava num dos bairros da capital. Ônibus e bondes circulavam ali, e nos fundos e nas laterais passavam os trens da Santos-Jundiaí e da Sorocabana. Entre o trem e o muro das casas estava o que nós, crianças, chamávamos de campinho, que era cheio de pé de limão-francês. Quando a Segunda Guerra acabou, a industrialização cresceu e o campinho virou favela. Não aumentou de imediato a violência. Talvez tenham aparecido mais ratos. Lá pelo número 90 havia uma relojoaria. Na vitrine empoeirada, aneizinhos de pérola e rubi, correntinhas com medalhinhas e alguns relógios. O forte era o conserto de relógios, ofício que o imigrante italiano trouxera de sua terra.

Eram quatro moças e dois moços os filhos do relojoeiro. Os moços eram obesos, se usarmos a linguagem contemporânea. Naquele tempo, eram fortes. E isso não era pecado. O patriarca era igual aos dois filhos. Não seria capaz de distingui-los hoje, na minha memória. Só lembro que eram gordos e altos. Duvido que algum descendente dessa família venha a ler essa história. Porém, pelo sim, pelo não, serei fidelíssima, mas não darei nomes aos bois. Da mãe não me lembro, mas me recordo de todas as filhas. Eram quatro: duas casadas e duas solteiras. As solteiras moravam com os pais no sobrado que ficava no fundo da relojoaria. Uma delas eu nunca vi. Quando se falava dela, dizia-se simplesmente que não gostava de sair, e quem não gosta de sair não sai! Era a mais velha entre elas, e hoje seria vista como fóbica, com síndrome de pânico. Estaria em análise tomando maciças doses de antidepressivo. Mas naquele tempo ela era tímida, não gostava de sair. E que mal há nisso? Ela era ótima dona de casa, afetiva, prestativa, mas não saía nem para a janela. Sair na janela para quê? E assim ela vivia, respeitada em sua dor, cuja origem jamais se pesquisou – e também ninguém achava que houvesse algo a pesquisar, uma vez que não havia nada de mais em Nenê ser como era. Era seu jeitão.

Na escala cronológica seguia-se Tetê, que era solteira e saía. Mas ninguém dizia que ela gostava de sair. Fazia feira, quitanda, padaria. Era uma mulher interessante, se penso agora. Bem formada de corpo, sem pintura; já lembro dela mulher – embora, até onde lembro, ela, assim como Nenê, não se casara. Mas é tão bom ter filha em casa na velhice da gente... Tetê tinha suas vaidades. Lavava a cabeça até o couro cabeludo ficar vermelho. Aí ela vinha ao salão dos meus pais fazer *mise-en-plis* bem umas três vezes por semana. Acho que, de tanto esfregar, o cabelo dela foi ficando fininho, e para disfarçar ela o cacheava. Tetê gostava de ópera e a ouvia na Rádio Gazeta (a Cultura FM de então). Só saía do bairro quando ia ao auditório da Rádio Gazeta, que apresentava apenas ópera cantada, não encenada. O grande e confortável auditório – na época eu não sabia, mas agora minha memória me diz – era um *art déco* maravilhoso. Ali se apresentavam quinzenalmente óperas, concertos sinfônicos ou música de câmara. Parecia-me muito bom, e a gente saía do bairro para esses espetáculos ou para os concertos matutinos no Teatro Municipal. Tetê, pois, tinha lá sua vida cultural. Imagino que até lesse, mas a respeito disso não me lembro de nada.

Seguia-se Maria. Parece que o casal original, quando chegou à sua concepção, não conseguiu conter a libido, e eis que temos um ser sexuado. Esqueci de dizer que o filho mais velho parecia não se interessar por mulher. O segundo já tinha os olhos mais vivos. Mas sei que Maria apaixonou-se por um moço, cujo nome me foge, que era remediado. O moço fizera "mal a ela" em alguma moita perto do córrego ou da linha de trem que passava pelos fundos da nossa casa. Maria ficou grávida e escondeu a gravidez de todos quanto pôde. Depois que a notícia se espalhou, diziam que os pais não mereciam tal desgosto, mas, por respeito a eles, nenhum lojista comentava nada em voz alta. Foi uma desgraça. Nunca ninguém, na rua inteirinha, pensara que a estrutura dessa família, seu sistema de repressão que tinha funcionado tão bem com os filhos mais velhos, sofreria uma inesperada pane. A teoria, e o próprio Freud, que a essa altura já tinha morrido, explicariam tão bem... Mas lá na minha rua apenas ocorrera uma fatalidade. O fato é que a criança nasceu e ninguém sabia bem quando nem como. Dizia-se, à boca pequena – não sei se é verdade –, que morrera ao nascer. Boatos piores diziam que o nenê tinha sido afogado num córrego que corria ali pelo campinho (insignificante afluente do Tietê que passava ali perto). Mas isso tudo não sei se é verdade. Não se dizia "dessa água não beberei" em voz alta.

Não quero esquecer que os moços trabalhavam com o pai, embora o filho mais novo tenha feito até o ginásio. As moças, só primário, cursado no Grupo Escolar Pereira Barreto, que era o melhor do bairro. Maria, tendo se desfeito do filho, casou-se com o pai dele. Não foi um casamento adequado. O moço era pobre, ela costurava para fora e morava numa ruazinha de casas de uma porta, uma fileira de casas iguais. Mas não era filha muito querida, não... Querida mesmo era a caçula Lia – *coquete* –, que logo arranjou um namorado – que, aliás, tinha o nome de seu irmão mais velho, José. O namorado era bonitinho, trabalhava de *factotum* numa loja de ferragem na esquina da frente. E eles se casaram, mas antes de casar Zeca teve uma ideia: foi aprender a consertar gasogênio – trambolho que ficava atrás do porta-malas do carro e visava substituir a gasolina por gás combustível. Estávamos no meio da guerra, não havia gasolina, e os ricos que tinham carro tiveram de instalar o gasogênio. O Zeca era esperto, ambicioso, marido perfeito para a Lia. A caminho da riqueza, Lia e Zeca se casaram na igreja Nossa Senhora da Lapa.

Nosso padre tinha mulher e filhos. Todo mundo sabia. Ninguém gostava dele – não só por isso, mas também porque ele gritava muito. Entretanto, ninguém fazia movimento para ele ir embora. Era o que a gente tinha, e acabou. Mas voltemos à Lia. Seu vestido de casamento – inesquecível – era de babadinho de renda da cintura até o chão. Lindo! Da lua de mel não me lembro. Só sei que eles foram morar na Água Branca, numa travessa da rua Clélia. Era uma ascensão social pequena, mas invejável. Mas isso ainda não era tudo que o Zeca tinha para dar. Lia ganhou um carro rabo de peixe cor-

-de-rosa, com um imenso gasogênio. E ela aprendeu a guiar, o que era muito para nós. A chegada dela na rua, todos os dias – pois claro que ela visitava a família todo dia –, levantava a maior poeira. Todo mundo vinha para a porta ver a Lia chegar. Não me lembro se eram tecidos louros à boa filha que, apesar de rica, passava a tarde com a família em vez de jogar pife-pafe. Uma gravidez e um filho homem. Nino era lindo! Depois, coitado, ficou igualzinho aos tios – afinal, foi criado por eles. Zeca ficou muito rico e, creio eu, queria sair, viajar, fazer estação de águas, frequentar restaurantes, mas Lia não era muito diferente de Nenê ou Tetê: tinha seu fundinho de medo do mundo e não o acompanhava. Não recebia os amigos do marido. Imaginem só o que teríamos hoje em termos de análise, terapia de família, orientação de mãe. Mas naquela época ela era uma boa filha, sem mania de grandeza. Não é porque o marido ficou rico que ela virou as costas para a nossa rua. Imagino que alguma vez, talvez mais de uma, a mãe a tenha aconselhado a seguir o marido, mas sem muita convicção. Aí se contava que apareceu outra no pedaço, uma sem-vergonha – porque só as sem-vergonha se aproveitam das dificuldades de um homem casado. Também nunca ninguém foi investigar como era a vida sexual desse casal... Separação, desquite litigioso, qual nada! Lia não dava o desquite, nem nunca deu! Jamais dividiria os bens dos quais não quis usufruir. Era tudo do Nino, pronto! E Lia e toda a família se dedicaram ao Nino. Zeca teve de começar a comprar coisas em nome de outra pessoa, porque ela não assinava nada, nem desquite, nem empréstimo no banco.

Essa é a história de uma família digna, cujos descendentes até hoje estão instalados na mesma rua, e nunca foram, pelo menos até o começo da década de 1960, vistos como patológicos. Sempre respeitaram as exigências sociais e, quando as infringiam, faziam-no às escondidas. Isto a sociedade sempre exigiu: as aparências mantidas e o autorrespeito intacto.

Bons tempos aqueles em que as pessoas desconheciam a nosologia psiquiátrica, em que os seres humanos não tinham de sofrer mais do que sofriam. Ou será que eram maus tempos, em que não podíamos aliviar aquelas dores que, por não terem nome, ficavam sem tratamento?

Eles moravam a três casas da minha. Maria e Lídia eram freguesas do salão. Quando elas vinham, era uma festa no meu coração. Eu adorava suas histórias. E lembro também de uma briga crônica que essa família tinha com determinados vizinhos. A meio muro estava a loja Rainha das Noivas, de cuja dona eu bem me lembro. Ela tinha filhos. Aliás, ela foi tendo… As queixas eram de que dona Malvina era barulhenta, tinha filhos barulhentos e um papagaio insuportável. Enfim, os vizinhos não eram reprimidos. E os anos se passavam em eternas disputas, raivas, mas era difícil brigar com a família de Lili, Tetê, Mamá, que fazia tudo certo dentro da estrutura o mais doente possível. Doente é o que diríamos hoje. E, como eu disse no início, ninguém achava ninguém doente.

Sem neurose ou antes dela

Numa aldeia bem longe da capital de um país da Europa central, vivia, no começo do século XX, um casal que teve muitos filhos. Esse casal foi muito amado, muito respeitado. Sua morte em campo de concentração foi chorada e lamentada por todos os filhos, que então já haviam se espalhado pelo mundo em busca de uma vida melhor. Para São Paulo vieram quatro: três moços e uma moça. Para a então Palestina foi uma moça. Os outros ficaram em aldeias e morreram sob a mão de ferro dos nazistas. Todos os moços casaram-se com moças que os pais haviam escolhido para eles, e trouxeram-nas para cá. Só a moça que veio para o Brasil é que se casou com um moço de uma aldeia vizinha, mas que já estava no Brasil, e dividia o quarto com os irmãos dela. Ela já estava em Barcelona aprendendo a costurar com outra imigrante de sua aldeia natal quando os irmãos se cotizaram para que viesse casar com o colega. E eis que aconteceu o inesperado. Aquilo que não tinha a menor importância, pois o que valia era a origem, o caráter, a confiabilidade e a diligência do trabalho. E tudo isso o moço tinha. Eis que quando a moça chegou eles se apaixonaram e se amaram até morrer. Não só amavam um ao outro, mas também adoravam trabalhar. O que importava não era ganhar dinheiro: era ter trabalho. E isso, quando bem-feito, dava dinheiro.

Um terceiro irmão ficou solteiro até depois da guerra. Então, descobriu-se que a falecida mãe tinha uma prima que tinha uma filha única, e ambas tinham sobrevivido. Imediatamente fez-se o noivado a distância, e a moça veio para o Brasil a fim de casar com o irmão solteiro. E assim, sem que eles tenham planejado, o par ancestral conheceu todas as noras. Foi feito mais esse casamento, e exatamente nove meses depois nasceu o único filho desse casal. Por que um filho só, quando todos os outros tinham dois, três ou mais? Sem resposta, mesmo porque essa pergunta sou eu quem formulo. Não fazia parte da cultura familiar fazer perguntas ou dar explicações em tom audível. Anos depois fiquei sabendo que a noiva além-mar só teve com o marido uma semana de relações sexuais. E depois, nunca mais. Não se separaram nem viveram bem: viveram juntos. Sobre outra nora,

dizia-se que tinha deixado um grande amor no além-mar e, com a desculpa de rever a mãe, ela atravessava o Atlântico mais vezes do que se esperava de uma pessoa de seu nível social. Outra nora, ainda, foi para sempre infeliz. Essa falava de seu mal-estar. Ainda assim, viveu com o marido para o seu todo sempre. E todos choraram o desaparecimento do casal ancestral. E hoje, 80 anos depois, netas espalhadas pelo mundo reuniram-se e foram conhecer a aldeia deles. Não acharam a casa. As cunhadas nunca se deram. As primas são amigas e reúnem-se pelo menos uma vez por ano. Estas, modernas, têm consciência da neurose familiar. Mas só uma vaga noção. O mais importante é a união e não o autoconhecimento. Entre as primas não há segredo. Houve uma transposição da simbiose entre pais e filhos, mantida sobre o oceano Atlântico e o Mediterrâneo, para um relacionamento quase sem segredo. Primas conhecem fatos escabrosos e desairosos sobre tios, tias e sobre si mesmas. Comentam sem medo. É o sentimento de posse de uma história. É uma intimidade sem privacidade. É uma história anterior à linguagem das neuroses.

O chá do Mappin e sua época

No meu tempo de ginásio – de 1948 em diante –, minha turma costumava se encontrar à tarde na cidade, coisa que os jovens de hoje fazem nos shoppings. Vínhamos cada uma de um ponto da cidade, e nos reuníamos sob o grande relógio quadrado do Mappin, na esquina da Xavier de Toledo com a Ramos de Azevedo. Se alguém chegasse atrasado, não tinha importância! O chá ia até as 18h30, e havia vitrine para olhar até que os retardatários chegassem.

Entre o Mappin e a Light tínhamos o ponto final de várias linhas de bonde, inclusive o 14 (Vila Buarque), que me levava e trazia do Mackenzie, onde eu estudava; o Pinheiros, depois de dar uma volta, retornaria à Consolação em direção à Teodoro Sampaio. Tinha o Vila Madalena, que se não me falha a memória foi a última linha de bonde a ser extinta (se não foi a última, estava entre elas). Do outro lado da praça ficava o ponto final dos ônibus: o Lapa-35 e o Lapa-36. O Perdizes-37 saía da praça do Patriarca. O meu ônibus era o Lapa-35. Ao descer dele, ocorria uma metamorfose. Eu deixava para trás a Lapa e tudo que de suburbano ela representava e desembarcava em São Paulo. De repente, eu também era daqui!

Mas o que eu estaria fazendo, adolescente quase menina, na cidade, num dia de semana, quatro e tanto da tarde, debaixo da marquise do Mappin Stores? Dali a pouco, junto com as minhas amigas, com muitas senhoras e crianças, entraríamos no hall central do Mappin, que na época era discreto e britânico como o Simpsons de Picadilly, aquela loja inglesa em frente ao Burlington Arcade. Britanicamente, os preços eram escritos em letra miúda e as vendedoras vestiam saia e blusa, compondo um universo *art déco*, como, aliás, era o estilo do edifício do Mappin. Na época, nem era esse o nome da loja, que tinha sido abrasileirado para Casa Anglo-Brasileira. Apesar de o uso da língua inglesa ser permitido, pois a Inglaterra e os Estados Unidos faziam parte do Bloco Aliado, os donos da loja devem ter julgado mais adequado abrasileirar o nome. Durante a guerra, foi proibido o uso público das línguas faladas nos países do Eixo, nossos inimigos. Depois da guerra, o nome Mappin voltou – não mais Stores, e sim Lojas. O fato é que sempre se chamou o chá servido ali de "O chá do Mappin".

Nos elevadores grandes de porta dupla, os ascensoristas anunciavam, de parada em parada, o que se podia comprar em um dos andares. Finalmente se chegava ao último piso; a porta se abria e nós víamos o andar inteiro repleto de mesas cobertas de adamascado branco, cinco ou seis fileiras entre o elevador e as enormes janelas, que iam da Conselheiro Crispiniano até a Xavier de Toledo. Não tenho certeza se havia música ao vivo. Em certos momentos minha memória diz que sim. Em outros, ocorre-me um silêncio de murmúrios. No chá do Mappin nós éramos todas muito bem-educadas. Tenho certeza de que o chá do Vienense tinha violinos e de que no Fasano não havia música, mas fico confusa quanto ao Mappin.

O Fasano e o Vienense eram outra coisa! Não tinham nada que ver com o chá do Mappin e seu ar aristocrático. Uma amiga minha, da mais fina extração paulistana, dizia que ao chá do Mappin se ia com avó. Ou talvez com mãe. Era lugar de festa de aniversário de menina-moça. Com as governantas, as moças iam ao Vienense ou às leiterias. Só no Mappin havia um chá completo! Nos outros tinha um cardápio com o qual você compunha seu lanche. Sua escolha denunciava a gula e/ou a disponibilidade de dinheiro. No Mappin existia um universo de igualdade. Vinha de tudo para a mesa, e igual para todo mundo, não importando quem fosse o cliente. Era um chá que podia ser chá, chocolate, café com leite e mais todo o resto. O que vinha nos pratinhos independia do que você tivesse no bolso ou do que a sua fome quisesse. Empadinhas, canapezinhos, pãezinhos, bolinhos, petit-fourzinhos... Ai, que saudades do tempo em que não existia nada disso no nosso cotidiano! Ali eram servidas guloseimas especiais que só existiam em casas de estrangeiros ou de gente muito viajada. O que se servia no Mappin nada tinha que ver com os doces das padarias da esquina – sonhos, pudins de pão e, quando muito, quindins! As confeitarias eram raras e se concentravam no centro. A Candy, a Holandesa e mais alguma. Esse cenário tornava o chá do Mappin *exquisit.*

É bom lembrar que naquele tempo, nas casas, se tomava lanche à tarde com mesa posta, leiteira fumegante e pratos com bolinhos deliciosos, açúcar e canela... Cada mãe, cada avó tinha a sua receita. O que se servia no Mappin não se servia habitualmente em casa. Ainda não havia chegado o tempo da grande mobilidade social da década de 1950. As tradições se mantinham fielmente e as receitas e os hábitos passavam de uma geração à outra. Cada casa, cada família tinha e mantinha uma identidade.

A difusão da imagem – que gerou o que hoje chamamos de *a era da imagem* – ocorreu aí, no início dos anos 1950, por meio da televisão, do technicolor e das revistas em quatro cores, cada vez mais bem distribuídas pelos quatro cantos do país. Criou-se uma intimidade com o que ocorria dentro das quatro paredes das casas dos outros. Foi nessa época que o mimetismo, antes objeto de vergonha, tornou-se lei. Observava-se e imitava-se. Isso não quer dizer que um lar fosse estranho ao outro: no fundo, éramos todos muito parecidos. O que fazia diferença era o eterno aperfeiçoar do que devia ser conservado, o que terminava por enxertar sutis diferenças às semelhanças. Mas isso foi pertencendo cada vez mais ao passado. O Mappin foi sempre outro mundo, solene, para onde se ia, mas jamais era trazido para casa. No chá do Mappin os garçons eram garçons, sempre os mesmos, treinados. Havia cerimônia. O chá do Mappin manteve-se como uma ilha tanto no cotidiano de cada uma de nós quanto em relação às outras casas de chá e leiterias. Ah, ia me esquecendo: havia as tortas! Aí, sim, a gente escolhia qual queria! No canto da Xavier de Toledo, no mesmo andar, ficava o bar, desativado enquanto se servia o chá. Mas existia ali o lugar dos *drinks*, uma espécie de mimetismo da hora do *club*, na Inglaterra.

A geração chá do Mappin – à qual pertenci – tinha seus uniformes, pelos quais se minimizavam as diferenças de classe. O sapato tinha de ser um branco com listras coloridas, que se vendia no Mappin e apenas no Mappin. Podia também ser um mocassim da Clark. A camisa desejada deveria ser a do camiseiro Serra. Os suéteres, ao estilo "garota soquete"; os conjuntos eram os de banlon, importados, cuja cor deveria combinar com o tom da saia. Quem tivesse um *kilt* escocês teria chegado ao máximo da realização dos desejos de igualdade! Era só o que se queria! E, se em algum aniversário ou Natal tivéssemos ganhado uma Parker 51, de tampa prateada ou dourada – ah, aí seria demais –, estaríamos completamente felizes! Naquele tempo não existia BIC, usavam-se canetas-tinteiro, e mesmo o lastex estava mal chegando para encher de inveja os olhos daquelas que ainda não tinham maiô de lastex. As meias de seda, nós só ganhávamos aos 15 anos; o batom também! E a luta dentro de casa para usar salto, meia de seda e pintura antes do aniversário de 15 anos era tema de toda conversa entre mãe e filha.

Eram assim as meninas que saíam de casa para tomar chá no Mappin. Algumas mães entendiam a questão do *uniforme*. Outras não sabiam por que tinham de comprar aquelas coisas somente em certos lugares, do contrário as filhas não usavam. Mas todas acabavam cedendo. A minha mãe não tinha nem recursos nem sensibilidade para essas maneirices. Mas o sapato não foi problema, uma vez que dona Rosa fazia parte daquelas mães cuidadosas que observavam a curvatura do pé e nos compravam palmilhas. O sapato do

Mappin, para tanto, era perfeito: amarrado no peito do pé. Mas as camisas, a caneta, os fichários... Não só ela não entendia como fazia ouvidos moucos. Porém, não regateava dinheiro para que eu frequentasse o chá do Mappin, tampouco se incomodava que se tomasse lanche na cidade. Deviam ser infelizes as moças que não podiam participar desses rituais, mas eu não conheci nenhuma.

A gente não ia ao Mappin sempre que queria; íamos também às leiterias tomar lanche. Nós mesmas – sem saber – cuidávamos em manter solene a gala do ritual do Mappin. Uma coisa era tomar chá no Mappin; outra era tomar lanche na cidade. Lá ficavam as leiterias: a Campo Belo, a Ipiranga, a Americana. Esses lanches também constituíam um belo programa; também eram instituições; também eram desejados, mas solene mesmo só tinha um: o chá do Mappin. A claridade do grande salão, numa época em que vidros devassados não eram comuns, criava aquele ambiente branco, imaculado, luminoso, com odores sempre acolhedores.

Gostaria de pensar sobre outro aspecto dessa solenidade. Nós, meninas do bairro ou filhas de imigrantes, que não tínhamos acesso permanente ao mundo do centro e dos Jardins, frequentávamos um ou outro ponto da cidade onde podíamos antegozar nossa ascensão social por vir. Essa função era exercida por determinadas lojas, pela Biblioteca Municipal, por livrarias, pela cinemateca e também pelo chá do Mappin. Nós sabíamos que estávamos adentrando um universo em que nossas mães ficavam desconfortáveis. As livrarias eram nossas, assim como as outras instituições. Era um terreno conquistado pelas novas gerações. Esses pontos do centro tinham algo do espírito das cidades praianas, um espaço em que, bastando ter um uniforme adequado, todos os jovens podiam se encontrar. Na praia, o uniforme era o maiô e a saída de banho, tão em voga naquele tempo. A desigualdade se instaurava na hora de voltar para casa. Uns tomavam ônibus para bairros bons, outros para bairros médios e outros, ainda, eram apanhados por motoristas. Aquele era o espaço da miscigenação – não de raças, mas de classes.

A minha mãe se sentia muito mais à vontade levando-me à Clipper para fazer compras. As lojas de departamento sempre tiveram esse caráter democrático. As lojas finas da Barão de Itapetininga eram só para alguns. A gente nem bem olhava as vitrines. Era o tempo em que engatinhavam as primeiras butiques. Acho que uma das pioneiras foi a Rastro, do Aparício, lá na rua Augusta. Na década de 1950 o *American way of life* iniciou o solene enterro da influência europeia. Queríamos imitar tudo que víamos no cinema.

Além da Clipper, tinha a Drogadada e a Salada Paulista. A Drogadada nos introduziu o liquidificador e as misturas de fruta. A essa bebida deu-se o nome de "vitamina" – alcunha que permanece até hoje, uma vez que, no Brasil, nasceu no balcão de frente de uma farmácia. Ainda não existia hambúrguer, mas o cachorro--quente ia ganhando espaço pela mistura da influência alemã com a americana. Os salões de chá e as leiterias foram dando lugar a outro tipo de bar... e tudo mudou! O tempo passou a ser outro. Batíamos papos rápidos sentados em bancos altos nos balcões dos bares, onde se serviam vitaminas e sanduíches variados. Saiu a Inglaterra e entrou a América. O cinema ocupava cada vez mais espaço na vida dos jovens. Era nossa janela para o mundo. Além dele, havia a revista *Cruzeiro*, que à época atingiu uma circulação – mais de 700 mil exemplares – que nenhuma revista tem hoje. Os repórteres de *O Cruzeiro* viajavam o mundo para nos dar a foto do casamento da Grace Kelly ou da coroação da rainha Elizabeth. Mas a janela para o mundo mais agradável era a americana, pois os filmes europeus, como o neorrealismo italiano, não traziam nada que quiséssemos imitar.

Imitação: aptidão sem a qual a mobilidade social não ocorre. Ela é necessária tanto na migração interna – adaptar-se aos novos mundos – quanto na ascensão social – que nos abriga a assimilar novos hábitos fora de casa, longe da família. Os meios de comunicação de massa – o rádio, a incipiente televisão e o cinema – substituem a tradição. A condição da mulher transforma-se. Sua função de educadora e de mãe é absorvida pela mídia de massa.

O chá do Mappin, entretanto, não era um lugar para se aprender algo a ser levado para casa: o chá do Mappin era um fenômeno em si. Na minha casa mandava a minha mãe. O cardápio da semana era engendrado por ela, ou pela cozinheira, ou pela empregada, ou pela diarista. Fosse quem fosse, era *dentro* de casa que o cardápio nascia, do jeito da casa. De repente, os olhos miram a vida de outrem – a vida dos personagens de histórias, de reportagens e filmes. E nós olhávamos para copiar. Triste esse processo de descaracterização que não atingiu só os jovens, mas também as mães. E a sensação de missão a cumprir que a mulher tinha, mantendo e aperfeiçoando o *savoir vivre* de sua família, foi substituída por uma imitação nada específica ou pessoal. Diluiu-se a função da mulher no lar: ela passou a não prezar como prezava a sua função de transmissora de um jeito de viver. Não era mais ela aquela que lidava com o cotidiano como se ele fosse sagrado. De pessoa encarregada de manter e conservar, ela se tornou aquela que percebe, imita e transforma.

A mulher passou a ser mais moderna, e ser moderna tornou-se algo desejável e positivo. As mulheres, as mães, assim, deixaram de ter o dever de conservar – manter sagrado o sagrado – para ser tão melhores quanto maior aptidão para a mudança mostrassem ter. Mãe boa, então, é aquela que evoluiu com o tempo; aprende com o *mass media*. E, por esses meandros, o cetro conservador passou para a mão dos homens. Agora temos, pois, de criar filhas capazes tanto de conservar quanto de transformar junto com a sociedade.

O chá do Mappin fechou, e hoje pãozinho de minuto é especialidade das novas mulheres que estão redescobrindo o mundo de suas avós. Entretanto, não para entronizá-lo como o mundo único: agora é o hambúrguer, é o quibe, é o taco, são os doces portugueses, as tortas austríacas, os sushis e os pãezinhos de minuto da avó.

Devorando o Brasil

Não foram poucos os momentos inesquecíveis da minha vida que posso facilmente associar à *mesa posta*. Difícil é escolher um entre eles. Mas o que quero mesmo enfocar é a importância que o cheiro, o gosto e o jeito da comida caseira brasileira tiveram no meu processo de assimilação, pois nasci na Hungria. Muito antes de optar pela cidadania brasileira, aos 18 anos, eu já vinha devorando o Brasil na forma da cocada, da goiabada, do arroz com feijão, do bife acebolado, tudo tão nosso. Isso para não falar das sopas ingênuas, do lanche da noitinha e dos encantadores macarrõezinhos nadando na sopa. Rememorando, percebo que minha assimilação foi antropofágica. Meu coração, minhas glândulas salivares, minhas evocações sobre o comer quase sempre incluem sabores e cheiros. Torcendo e espremendo, não consigo, sem me trair, deixar de contar pelo menos três histórias. Lá vai a primeira.

Havia o fim do dia útil – a hora de fechar a loja. Era hora de jantar. Se eu quisesse falar como se falava lá no meu bairro, diria que era chegada a "hora da janta". Meus pais tinham um salão de cabeleireiro e felizes eram aqueles dias em que a última freguesa saía antes das 18h30. Quando os dois ponteiros do relógio apontavam para baixo e os sinos da igreja já tinham tocado para o ângelus, nós três nos reuníamos em volta da singela mesa retangular da nossa cozinha. Meu pai era sempre o último a chegar porque ia todos os dias até a Casa Clemente – que, para nossa alegria, ficava exatamente em frente à Casa Martim, nosso salão de beleza, nosso ganha-pão. Nenhum de nós combinava com o salão; provavelmente por isso ele não deu certo nem lucro. Voltando à Casa Clemente, vocês poderiam perguntar: o que meu pai ia fazer lá diariamente? Era uma mercearia que vendia comidas especiais para estrangeiros que queriam manter os hábitos da terra natal: salsichas, frios, picles, pães pretos, especiarias europeias, creme de leite fresco, manteiga sem sal e laticínios em geral. Para meu pai, refeição da noite era lanche. Como nessa época não tínhamos geladeira – aliás, na rua Trindade nenhum pequeno comerciante tinha –, meu pai comprava seus cem gramas de frios antes de subir para a cozinha de nossa casa. Aí ocorria a cerimônia – sem nenhuma cerimônia – da nossa refeição em família. Quando o jantar terminava, meu pai já não estava lá. Era com a minha mãe que eu ia jogar crapô (paciência a dois). Logo depois de umas poucas rodadas, chegava a hora de eu ir dormir. Existiam dias diferentes, muito melhores do que os outros. Era quando a diarista deixava, ali no caldeirãozinho, uma singela, mas para mim divina, sopa de macarrãozinho. Aí o sublime se instalava. Ao esquentá-la, o êxtase se aproximava. Hoje eu sei por que a sopinha era tão especial. Era das poucas lascas de brasilidade que entravam nos nossos hábitos.

Lá na Lapa, aqui no Brasil, éramos estranhos no ninho. A rua tinha 256 metros e o Salão Martim, atrás do qual nós morávamos, ficava no número 116. Quando lá chegamos, a rua Trindade era constituída de 256 metros de homogeneidade. Só três unidades eram estranhas: o depósito de material de construção do senhor Camacho, que não morava lá, a loja Weigand, que também deveria ter um dono que não morava ali, e as Casas Pernambucanas. De resto, éramos todos da mesma classe, ou tribo. Até o médico, o dentista, o oftalmologista e até mesmo o farmacêutico mantinham seu ganha-pão na frente e a moradia nos fundos. Ali moravam, trabalhavam e criavam seus filhos – brasileiros, sírios (naquele tempo nem todos eram libaneses), italianos, judeus e até uns alemães. Eu disse que éramos estranhos no ninho porque, apesar de sermos judeus, não vínhamos da Europa oriental e, por não falarmos iídiche, éramos excluídos da comunidade de judeus da redondeza. Os outros judeus praticamente nem sabiam da existência de judeus que desconhecessem o iídiche – e nos estranhavam. Também não éramos sírios nem brasileiros nem italianos. Muito menos católicos, como todos os outros. Nas grandes festas judaicas nós não íamos à sinagoga, o que nos tornava verdadeiros ETs. Minha mãe não me deixava brincar na rua depois do jantar e muito cedo, antes de todos os outros, eu já entendia como as criancinhas eram feitas e como nasciam. Ninguém sabia onde nos colocar. Quanto mais bizarros éramos, mais eu me ressentia – sem saber por quê – e mais devorava o Brasil às colheradas.

Ah, se meus vizinhos soubessem como eu farejava os cheiros da cozinha deles enquanto era condenada à inexpressividade da nossa vida sem raízes e longe de nossa tradição culinária. Nenhuma mulher da nossa rua teria a ousadia de não cozinhar para a família. Apenas dona Rosa, minha mãe, se permitia manter-se blindada junto com seus hábitos e costumes, plantada no meio dessa comunidade. E, quando a sopa de macarrãozinho recendia na minha casa, meu pé tocava o chão. Eu estava ali, no Brasil; um dia criaria raízes, aprendendo a fazer farofa, gostando de azeitona e encantando-me por sardinhas fritas. Tudo isso só tinha no quintal do vizinho. No caso, a galinha do vizinho era mesmo mais gorda.

Nessa mesma época, para ser mais esquisita ainda, para mostrar seu autêntico desdém por tudo que a cercava, minha mãe escolheu me matricular numa escola de freiras, às quais avisou, alto e bom som, que queria que eu frequentasse a escola, mas não permitiria meu batismo. Se elas quisessem me catequizar, que o fizessem, mas água benta só aos 18 anos. Fui contaminada por todas as crendices de um catolicismo de bairro, mas na hora do pretenso batismo eu já estava longe das capelas. Parecia-me que tinha esquecido do colégio que frequentei por quatro anos. Aos 18 anos, eu já era trotskista. Além da religião, esse colégio tinha o almoço bem brasileiro, pois eu era semi-interna. Hoje esse regime de escola chama-se "integral". Ali eu devorava o Brasil na forma do arroz, do feijão, do macarrão, do chuchu, da couve: tudo que não havia na minha casa. E eu comia muito, com muito prazer, com sofreguidão. Era meu acesso ao Brasil.

Lembro-me de uma freguesa do salão que, um dia, deu de presente para os meus pais um livro: *Obras-primas do conto brasileiro*. Livro esse que, mais tarde, lá pelos meus 11 anos devorei. A partir daí, os livros também passaram a ser ingeridos e devorados.

Outra esquisitice nossa era almoçar fora aos domingos, enquanto os outros, meus amiguinhos da rua, com certeza não tinham esse ritual. Durante muitos anos, íamos de bonde até a praça do Correio para almoçar no restaurante O Leão, onde eu invariavelmente comia bife à milanesa, não me lembro com que acompanhamento. A sobremesa não era desfrutada n'O Leão, mas na confeitaria Candy, que ficava logo ali, do mesmo lado da avenida São João. Não lembro o que fazíamos depois. Em outros domingos, íamos à Dona Henriqueta, um restaurante da Lapa que tinha a melhor macarronada do mundo e o melhor croquete de toda a Via Láctea para o meu paladar. Quando o ritual era esse, lembro-me bem do que fazia depois: ia ao cinema, à matinê. Perto da minha casa havia dois cinemas – o Recreio e o Carlos Gomes.

Também era ótima a comida que eu ganhava quando ficava doente. Invariavelmente, minha mãe preparava mingau de semolina com chocolate em pó espalhado por cima. Ela ia me dando as colheradas, começando pelas bordas do prato fundo. Se eu olhar para a década de 1940 e o começo dos anos 50, acho que só me lembro dos momentos em que eu podia devorar o Brasil para ser menos esquisita. Como se Brasil fosse algo ingerido para entrar na circulação do sangue. Criada tão fora de qualquer fôrma, até hoje adoro os poucos momentos em que consigo não me sentir estranha no ninho.

Receita

PEGUE um pouco de músculo e pique. Também um pouco de cebola para fazer um refogado bem bobo. Em outra panela, ponha água para ferver e despeje um tanto sobre o refogado. Deixe cozinhar até a carne amolecer um pouco. Salgue de leve. Então, misture uns pedaços de cenoura, quem sabe um talo de salsão, se tiver, e também um pouco de batata, umas folhas rasgadas de repolho, vagem e tudo que tiver sobrado de verdura, desde que não dê gosto muito forte. Mandioquinha e berinjela não, pois fazem qualquer sopa virar sopa de mandioquinha ou de berinjela. Se tiver ervilha torta, pode pôr também. Quando tudo já estiver cozido, teremos um bom caldo. Se já for quase hora de servir, pegue o macarrãozinho miúdo que você tiver escolhido para hoje e acrescente à mistura. Quando a cozinha e a casa ficarem com aquele cheiro de sopa quente, sirva.

P.S.: se tiver um pé ou uma asa de galinha, ponha para cozinhar junto. Um caldo que leva um pouco de ave e um pouco de vaca fica especial. Essa iguaria toda leva apenas um tempero — sal.

Hora de parar

Passei meus primeiros quatro anos de escola numa instituição de freiras dominicanas portuguesas. Não era batizada, não tinha de ir às missas, nem me confessava. Quando saí dessa escola, onde era semi-interna, tive enorme saudade da irmã Maria Inocência. Devo ter amolado minha mãe até o limite, porque um dia fui levada até lá para matar a saudade.

Lá chegando, a irmã Maria deixou minha mãe na sala de espera e levou-me para rezar na capela. Essa oração, esse momento de oração acabou se constituindo numa enorme vergonha. A irmã queria rezar a salve-rainha e eu percebi que já não o sabia. Morri de vergonha.

Quando ela me devolveu à minha mãe, disse: "Ela não precisa se converter. Ela já é cristã". Fomos embora como se nada houvera. E a minha ligação com o colégio Santa Catarina de Siena acabou.

A essa altura, eu estava cursando a quinta série no Mackenzie, que é uma escola presbiteriana. Mudei, pois, de religião. Todo dia, às 9h15, as aulas eram interrompidas e alguém oficiava um culto, que se compunha da leitura de algum versículo, um ou mais cantos e um minuto de silêncio.

Do colégio das freiras sou capaz de mapear o que herdei. Em contrapartida, pensava que do Mackenzie nada tivesse me restado além das letras das canções religiosas, que de tanto cantar decorei.

Sessenta anos depois, tive um estalo. O momento era propício: aniversário de um neto. Presente só a família muito próxima.

Não se falava de religião. E emergia não sei de que canto, não sei de que cripta, um *insight*. Meu intervalo no período da manhã é das 9h15 às 9h30. Eu atendia quatro clientes seguidos, fazia um intervalo e depois seguia até o almoço. Nunca discuti comigo mesma por que 9h15 e não 10h, ou 8h30. O horário das 9h15 era inteiramente destituído de significado até o momento em que percebi que se tratava do momento do culto. Foi assim que mantive o presbiteriano dentro de mim.

Esse material não era inconsciente, era apenas banal. Nem a hora do culto estava reprimida, nem o intervalo era problematizado. A isso se chama pré-consciente. Prefiro dizer que foi posto de lado, não mais tocado, guardado com toda a emoção antiga na cripta que parecia inconsciente, mas qual o quê!

Réquiem para os meus mortos

Voltemos para trás muitos anos. Fevereiro de 1954, quarto ano primário da Escola Americana do Mackenzie. Professora: dona Eunice Meirelles. Numa sala, no fundo do corredor, começava a minha vida com Wiktor.

A Segunda Guerra mal terminara. Não fazia ainda um ano, mas dona Rena era muito esperta e conseguira chegar aqui antes de todo mundo. Foi a primeirona! Essa mesma esperteza salvou a vida de seu filho. Entrando no gueto pelos esgotos, conseguiu salvar sua vida 24 horas antes que lhe ateassem fogo.

Eu ainda não havia conhecido nenhum sobrevivente. Wiktor foi o primeiro. Recebíamos cartas de lá, e elas traziam mais notícias de morte do que de vida. A cada dia uma família amiga ficava de luto porque a Cruz Vermelha – rápida e eficiente – informava desaparecimentos. Enquanto isso acontecia, dona Rena e Wiktor já estavam aqui. E o Wiktor, sentadinho no quarto ano do Mackenzie.

Durante todos os anos de guerra, vivi numa espécie de bolha que me propiciou um estranho contato com o universo concreto. Claro está que eu não sabia que o meu estado de consciência era especial. Não perdi a memória do estado em que vivia desde que cheguei ao Brasil até o momento em que a luz, batendo nos cabelos arrepiados de Wiktor, me disse que alguns tinham sobrevivido à chacina. Não sou capaz de relatar esse aturdimento, mas me lembro dele; lembro que existia algo entre o mundo exterior e eu. Era um contato mediado que gerava certa distância.

A presença de Wiktor na primeira fileira, ao lado da janela, me permitiu existir sem mediação. Se ele tinha sobrevivido, quem sabe eu também não teria se não tivesse virado as costas para o perigo e emigrado antes da guerra? Parece que eu tinha morrido por tabela, já que nos salvamos por muito pouco. Se Wiktor foi um dos primeiros a chegar depois, nós fomos uns dos últimos antes; chegamos uma semana antes de estourar a Segunda Guerra. Já que nem todo mundo tinha morrido, pois um menino da minha idade sobrevivera, eu estava liberada para viver. Até então, eu nunca entendia nada direito – conseguia decorar, reproduzir, mas sem um milímetro de profundidade. E, de repente, vi fazer-se luz. Assim tornei-me, sem que ninguém – nem eu mesma – soubesse por quê, boa aluna, inteligente, curiosa; ávida por livros e informações.

O mundo ganhara contornos nítidos. A bolha na qual eu me refugiara como uma morta-viva durante os cinco anos de guerra

FRAGMENTOS DE UMA VIDA

estourou. E ele, Wiktor, com quem eu nunca falara, tornou-se um totem que eu tinha de ver às vezes, como para reavivar aquela sensação nova de existir. Estudamos na mesma escola até o fim do ginásio. Ele também entrou no movimento sionista. O destino nos pôs na mesma *kvutza,* orientados pelo mesmo Henri, e durante quatro anos, tempo que fiquei no movimento, estávamos sempre juntos. Juntos fomos ao primeiro concerto; juntos ouvimos os primeiros discos; fizemos as primeiras viagens; partilhamos os primeiros amores; assim como o xadrez, os livros e Marx. Tudo junto. A mãe dele se casou e ficou bem de vida. Ele foi fazer o curso técnico em Eletrônica e eu não fui fazer o de Química Industrial, conforme o movimento determinara. Saí do movimento bem antes dele, mas lembro que o nosso reencontro não tardou. A Juventude do Partido Socialista nos absorveu. De novo juntos. Ele cursou Física; eu, Ciências Sociais.

Ele se casou com a moça que sua mãe escolhera. Eu me casei com o amigo dele. Ele teve dois filhos, eu tive uma filha. Enquanto ele fazia doutorado nos Estados Unidos, seu filho adoeceu e eles voltaram ao Brasil praticamente para enterrá-lo. Foi triste a morte de Ariel. Para a sua doença ainda não acharam remédio. Leucemia. Wiktor e Anita tiveram mais uma filha e depois se separaram. E nós continuávamos juntos. Diziam que eu era a melhor amiga dele. Ele não dizia nada. Ele era meu totem e eu necessitava de sua presença para existir. Não precisava ser todo dia. Essa relação só termina numa bela interpretação; numa linda sessão de análise. Depois de totem, ele virou homem, para pouco depois morrer. Enquanto eu, de professora universitária, passei a terapeuta reichiana, Wiktor, de físico, tornou-se místico oriental. Queria ser zen. Comprou um sítio grande depois que voltou da Inglaterra. Ali, em vez de pesquisar física, aperfeiçoou-se em metacorpo e em suas energias. Seu sonho era conseguir sentar-se tranquilamente em posição de lótus, para comprar uma passagem para o Japão e ficar num templo zen budista por muito tempo. Por algum motivo estranho, ele não conseguia sentar-se tranquilamente em posição de lótus. Sua segunda mulher conseguia; eu, com a maior facilidade; ele, nada. Pediu afastamento da USP e foi morar no sítio, onde puxava fumo, tomava LSD e se massageava para conseguir abrir as pernas como o zen demandava. Conheceu muitas mulheres na vida. Muitas amaram seu mistério. Ele tinha certezas, e isso era fascinante. Finalmente encontrou Bel, uma alemã ariana, filha de nazistas (do que ela não tinha culpa), cabelos loiros, lisos e longos. Coxuda. Ela largou tudo para morar com ele no sítio. Estavam lá instalados quando, numa noite de garoa – e apesar de toda sua meditação zen –, Wiktor, de moto na Paulista com a filha na garupa, ficou com raiva de um Fusca e se jogou em cima dele. Morreu horas depois, ao lado da filha – que, apesar de bastante machucada, sobreviveu –, no chão do Hospital das Clínicas.

Em seu enterro, enterrei-me um pouco. Desmanchei os últimos fiapos da simbiose que gerara para poder existir fora da bolha. A interpretação maravilhosa ainda não ocorrera. Bem mais tarde é que dona Virgínia teve ocasião de desmanchar de fato essa dependência vital. Suas filhas vão bem, obrigada! Nós, sobreviventes, ficamos todos profundamente marcados pela necessidade crítica que Wiktor tinha de enfiar raízes, marcas dentro de todo mundo. Se eu precisava dele para viver, para garantir a própria existência, ele nos sugava a vida. Mas ninguém sentia a dor que isso causava: ele nos inebriava. Nada mais gostoso do que amigos do Wiktor, juntos, falando do Wiktor. Sua ânsia de viver nos despertava para a vida. Ele deixou saudades.

A minha voz

Qual é a minha voz?
Nem essa, nem aquela.

A cidade de São Paulo é dividida em pelo menos quatro zonas cardeais, que têm relação com os tais quatro pontos cardeais. É difícil alguém da zona norte se adaptar na zona sul. Isso para não falar que mudar da zona leste para a oeste, ou vice-versa, é quase mudar de país. O que as diferencia?

Difícil definir. São distintas as vozes faladas nesses lugares. A voz do sul sussurra. A do norte fala com todas as letras, claramente. Na minha fantasia, a zona leste não fala, faz. E a zona oeste é uma área de passagem, onde alguns tipos bem variados se instalaram.

O que quero dizer com isso? Refiro-me à estrada de ferro Santos-Jundiaí, Campinas-Santos, interior-beira-mar – um grande corredor com alguns atalhos. Vindos dos cafezais, dos laranjais, desembocamos na Lapa, a primeira estação de trem urbana da Santos-Jundiaí.

E depois falam mal do marxismo. Para contar a história de São Paulo, é preciso contar a história da produção agrícola do nosso glorioso interior. Para consertar as máquinas que quebravam e as enxadas que se partiam, existiam duas estações, dois bairros: Lapa e Brás. Quem vinha do Vale do Paraíba parava no Brás; quem vinha pelo Tietê parava na Lapa. Nessas regiões se consertava tudo que quebrava. Soa como um romance, mas é um pouco mais que isso. Por acaso, Lapa e Brás são dois centros de "colonização italiana". Os italianos foram os nossos primeiros mecânicos, que trouxeram do além-mar uma importante sabedoria.

Os relojoeiros também eram italianos – o que mais poderiam ser? E, como joalheiros, eram também ourives. Era da mão de um italiano que se ganhava o primeiro anelzinho, o primeiro relógio, as alianças e os brinquinhos. Eram italianas as mãos que nos enfeitavam.

Gosto de me lembrar do mundo dos italianos e dos árabes. Tecidos eram com os "turcos" – que, muitas vezes, nem turcos eram. Por que chamávamos assim todos os sírios e libaneses? Porque estes fugiram de lá para cá a fim de se afastar do Império Otomano – ou Turco. Então, pelos papéis que a Polícia Federal lhes dava ao chegar aqui, eles eram turcos. Fugiram do Império Otomano porque não queriam ser turcos, mas continuarem turcos aqui – só que não perseguidos.

O núcleo central de um bairro era a sua rua de comércio, onde predominavam turcos e judeus. Os primeiros foram mais bem assimilados que os segundos. Largar uma nacionalidade é mais fácil que trocar de Deus.

Uma das grandes vergonhas da minha infância era que meus pais, apesar de judeus, estavam mais para ateus, embora até trabalhassem nas festas judaicas. Assim, eu cresci sem conseguir ser nada inteiramente. Até porque minha mãe não achou nada melhor a fazer do que me matricular num colégio de freiras católicas. Eu estava sempre por fora, de fora.

Minha infância poderia se resumir em "nenhum preconceito e nenhuma tradição", rodeada por um monte de gente extremamente tolerante que nos acolheu. Hoje eu me sinto uma "universal" no ninho. Tudo é muito familiar para quem não tem família como eu. Não consigo estranhar. Nada é familiar, nada é estranho. Todos à minha volta eram diferentes de mim quando eu era criança. Nem por isso me senti afetada. Aos 12 anos, escolhi ser judia. Judia mesmo. Apesar de estudar em colégio de freiras e ser filha de ateus. Gostei da instalação do Estado de Israel. Por meio dessa longínqua história de luta, constituí minha identidade. Escolhi a ilusão do sionismo como âncora.

E aqui estou eu... Nem isso, nem aquilo. Muito pelo contrário.

Que voz me representa? Nenhuma. Só a que sai da minha boca. Ouço-a gravada num aparelhinho e percebo nela um certo toque italiano, um quê de árabe, inflexões judias e um inconfundível timbre católico.

Prestando mais atenção detecto, ao longe, a aspereza do húngaro e a musicalidade da Lapa. Circundando tudo, um sibilante "s" paulistano. Não sei se isso é bom ou ruim, mas é a *minha voz*.

Alameda Nothmann

máquina de escrever tem cheiro de piano. O piano é objeto que não tive. Por nunca ter tido, não pude continuar a estudar piano. Não havia dinheiro. Dona Zilda Pereira era o nome da professora. Ela vinha de uma classe social que eu não conhecia. Quando senti, soube que não ia estudar com ela, doeu muito. Foi a primeira vez que senti o impossível. Ser roubada. Não ter. Ser privada. Sinto até hoje que não tenho. Agora sinto que fui injustamente privada de alguém porque não tinha meios de pagá--la. Lembro que se falou no preço que ela cobraria. Falou-se no preço do piano. No preço do aluguel de um piano. Eu não entendia nada. Não tinha. Então escrevi uma carta à dona Zilda. Ela respondeu. A carta era azul e correta. Devo tê-la ainda, guardada com todas as outras cartas que nunca mais vou ler. E até hoje, quando passo pela alameda Nothmann, procuro a casa de dona Zilda. Ela compunha também, músicas da maior mediocridade. Não lembro por que ela deixou de lecionar. Ela era velha, e dela só me recordo das mãos com ossos e veias saltadas. Mão de velha. Ela era velha. Tinha rugas e usava uma manga postiça preta nos dois braços. Solteira. Ou será que era viúva? Era só. Velha. Eu queria muito continuar a estudar com ela. Nunca aceitei substitutas. Durante muitos anos, intensamente, pensava nela quando passava pela alameda Nothmann – e até hoje **o faço**.

Essa rua tem mil histórias para mim. Nunca morei nela. Pouco a frequentei. Mas tinha a dona Zilda. Tinha o Zezé, figura amada de minha puberdade. Eu dizia e repetia mil vezes, mil anos, o nome do Zezé! Ele nunca notou que eu existia. Mas isso não me frustrava muito. Havia o grande amor de infância que eu lhe dei. Mil e muitas horas da minha vida. Naquele sobrado de número 956, onde nunca entrei, ele morava e eu tremia quando o via. De outra parte, na mesma rua, morava dona Zilda. Nunca cheguei a identificar a casa dela. Sempre relutei em pegar o envelope e rever o endereço. Penso que é um sobrado cinza de balcão redondo. Por que penso isso, sempre me pergunto. Talvez uma vez eu tenha sabido o número. Mas a Nothmann evoca também

FRAGMENTOS DE UMA VIDA

outras lembranças. Tinha a Escola Técnica São Paulo. Ali estudou o Wiktor, personagem importante. Nunca cheguei a descobrir por quê. O que sentia não era amor. Talvez tenha sido mesmo amizade, um tiquinho só amorosa. Muito menos amorosa do que muitas outras amizades. Mas amizade assim ou assada fez-me pensar muitas vezes na alameda Nothmann.

Outras lembranças surgem, como a da professora de inglês que me ensinou o pouco que sei. Eu a dominava. No fim, a aula era o que eu queria que fosse. Por isso aprendi pouco. Ela morava num prédio situado em frente ao depósito da GoodYear que pegou fogo. Assisti ao incêndio. Era madrugada. Eveline e Paulo estavam junto. O fogo subia ao céu e deixou-me excitada. Era lindo o fogo na madrugada. Antes do fogo, a GoodYear – ou será que era Goodrich? – tinha um daqueles luminosos, chamados de *acrílico*, que iluminam muito, demais. Sempre que passava por ali eu pensava que era um absurdo para os moradores do prédio, que não podiam descansar diante de tanta claridade. Na época do incêndio, minha professora de inglês já não morava lá. Tinha viajado para os Estados Unidos. Lá estava o irmão do marido dela. Um padre que, segundo diziam – ou dizia minha mãe –, era o grande amor da vida dela. Uma professora de inglês que amava um padre que morava em Buffalo. Esse fato sempre me atiçou a imaginação. Acho que eu pensava com muita angústia na angústia dela, e imaginava-lhe o sofrimento. E mais tarde, muito mais tarde, o Paulo e a Eveline foram morar lá. No último andar de um prédio. Um apartamento pequeno em que estive muitas vezes. Lembrando sempre de todas as coisas da alameda Nothmann. Pertinho dali morou também Nely. Época de muita ansiedade.

Uma amiga infeliz desligando-se da realidade, uma amiga infeliz porque não conseguia se desligar da realidade, da sua realidade; e eu, fugindo sempre da realidade. E tinha mais uma coisa na alameda Nothmann: dizem que é por algum ponto dela que passa o Trópico de Capricórnio. Sempre tive uma grande curiosidade em saber por onde passa.

Também na Nothmann conheci o Toni de Almeida Prado. Uma figura que ficou presente na minha memória. Eu tinha 15 anos e estava no Dror. Sabia, tinha absoluta certeza de que ninguém fora dele podia saber coisa que fosse. Ninguém sabia nada. Só no Dror. Receptáculo de toda a verdade e sabedoria universal. Esse Toni sabia muita coisa. E era bonito e atraente. Era agosto de 1951. Fiz as contas nos dedos. Eu estava no Dror e tinha de fazer um curso técnico. Qual? Nenhum outro que Química Industrial. Era preciso prestar vestibular, fazer cursinho. O cursinho era na Escola Riachuelo, então um pardieiro. E eu ia assistir às aulas até que resolvi desistir do curso.

Fiquei na moita. Aguentei firme. Acho que nada dizia a ninguém. O fim do ano chegou. Foi-me dada a honra de cozinhar para o acampamento (*machané*). Fui ao exército e perguntei como se fazia arroz para cem pessoas. Aprendi, e houve arroz, sem queimar, na machané. Fiz alguma coisa bem-feita e custou tão pouco... E depois saí do Dror.

Estranha rua. Tanta coisa sucedeu lá. Tanta coisa aconteceu na minha vida, e eu deveria amar a Nothmann. Ela é feia, no entanto. Ela é suja e cheia de buracos. Não me emociona passar por lá. Tanta coincidência. Tantas recordações cheias de vivências. E tão pouca emoção.

A intenção era escrever. Praticar. Tenho de escrever todos os dias. Muito. É o caminho único para viver como quero e me enquadrar na vida única que admito. É preciso criar para ser livre. Só quem cria é livre.

E comecei a escrever sobre a primeira coisa que me tocou. O cheiro da máquina. Máquina de escrever cheira a piano. Piano é alameda Nothmann. Rua da minha vida. Rua de transição. Talvez por isso eu me sinta bem em rua de transição.

Em rua de transição, tudo é permitido. Rua em que você pode ser professor e estudante. Pode amar um padre. Ter suas noites iluminadas por acrílico ou enlouquecer de amor. Ser acrobata, pois o Zezé era acrobata. Ser comunista e professor de matemática em pardieiro oficioso. Pode ser brasileira, compositora, usar mangas postiças pretas e ter as mãos enrugadas pela idade – e talvez pela falta de amor. Zilda Pereira... alameda Nothmann, uma coisa minha cortada pelo Trópico de Capricórnio. Um marco cósmico. Uma rua minha. Cinza. De paralelepípedos.

PrimaVera

a velha rua Santa Ifigênia conheci minha primeira amiga no Brasil – tínhamos 5 anos de idade.

Foi você, Vera.

Abrindo a porta daquele apartamento em que você morava, a gente deparava com uma escrivaninha bem grande, onde o seu pai consertava relógios para ganhar a vida. Desse apartamento não me lembro de muito mais coisas. Vocês se mudaram, em algum momento, para a rua Sebastião Pereira, onde o seu pai já não sentava com sua lupa, dia e noite, consertando relógios. Em Santa Cecília a oficina mudou para uma loja pequena – pegada à Clipper, loja que nem existe mais.

Você sempre foi meu porto seguro, assegurando-me de que neste mundo estranho para onde vim da Europa também era possível viver. Foi sentado de cabeça baixa, na bancada da Santa Ifigênia, dia e noite, que seu pai juntou dinheiro para a viagem que você e sua mãe fizeram para a Hungria antes da guerra, em 1936, para matar as saudades.

Sem essa travessia do Atlântico, as lágrimas que sua mãe vertia não teriam secado nunca. Ela sofria de nostalgia (*honvágy*), que a teria matado de tanta tristeza.

Hitler, iniciando a guerra, em 1939, curou o coração saudoso da sua mãe, que dali em diante foi tomado de medo e preocupação.

Nós duas nascemos cada uma de um lado do mundo, em 1935.

Nós duas passamos a guerra a salvo, aqui no Brasil. Nós ainda éramos pequenininhas quando a Eva, sua irmã, nasceu. Ficamos três.

Algumas linhas atrás, eu falava do apartamento da Sebastião Pereira. Lembro-me, detalhadamente, de tudo que havia na sua casa.

Eu a chamava de prima Vera quando pensava em você. Como eu não tinha nenhuma prima e você tinha um monte delas, não lhe pesava ter mais uma. Eis mais uma *mitzvá* (caridade) para o seu rol de boas ações.

Em 1947 – ou terá sido 48? – sua mãe a levou embora daqui para ficar dois anos estudando na Suíça. Nem quero lembrar o porquê disso, pois me dá raiva. Desde então, a distância nunca me separou de você. Acostumei-me a tê-la entre nós.

Numa manhã de julho, cheia de neblina, você tomou um super Constelation e eu senti naquele dia, de uma vez, a dor de todas as separações que eu nunca tinha chegado a entender, mas haviam acontecido na minha vida: imigração, guerra, morte de irmãos menores.

Lembro-me do meu choro, da minha dor, dos meus soluços.

Você foi embora.

Quando voltou já não éramos as mesmas. Não sei como, sua mãe, seu pai e eu – na sua ausência, talvez para substituí-la – fizemos uma aliança que perdurou até a morte deles.

Você era importante, sempre foi e continua sendo.

Seus pais tomaram dentro de mim um espaço fantástico. Preencheram-me. Só sei que, de algum jeito, fui filha para eles enquanto você estava na Suíça, enquanto você estava em Glasgow e depois que você foi para Israel. De prima Vera eu fiquei um pouco filha deles, mas não creio que tenha chegado a ser irmã Anna ou Panni.

Pensando em você, vejo sua imagem ereta, com os pés no chão, sempre de bem com a força da gravidade.

Você é para mim equilíbrio.

Você para mim sempre foi harmonia.

Você existe.

Forte.

Eu não preciso vê-la para estar com você: primos e irmãos são eternos e você sempre foi a minha única. A Eva, a Suzana, a Clara, a Gerta, a Norma são parte da minha vida – você foi mais, muito mais, desde a Santa Ifigênia até hoje.

Se eu hoje conheço intimidade, se ela me é familiar, é porque

você existe. Já fizemos 80 anos – você no dia 29 de junho e eu em 11 de novembro. Estamos vivas e, que eu saiba, nenhuma de nós doente. Que bom que a Terra é suficientemente grande para conter essa fraternidade, que para mim foi essencial no tornar-me eu.

Você lá e eu aqui.

Não a sinto longe.

Somos duas, independentes, autônomas – juntas.

Eu, cheia de amor fraterno para lhe oferecer. É um fluxo ininterrupto de sentimentos suaves em direção a você. Sem atropelos.

Você e eu no mundo.

Angústia

tempo não passava. Custava a chegar aquela hora em que alguma coisa podia acontecer. Dali a pouco ia começar o barulho na cozinha, depois era esperar a chegada dos diversos cheiros, um a um. Primeiro cebola, depois alho, verdura. Cheiro de verdura cozinhando. Porta do armário de cozinha gemendo para abrir. Mas isso tudo ainda ia demorar. Meu Deus do céu, nem sei se vai dar tempo de estudar tudo que há para estudar nesse tempinho. Todas as coisas de escola, lição a fazer, continuavam na cadeira e na estante, eu me sentia perturbada. Mas não adiantava. O tempo corria e custava a passar. Seria bom olhar para ver direito o que há para estudar. Ah! Texto a estudar. Se eu estudasse, tudo andaria muito mais rápido. Garanto que dá para estudar tudo em menos de duas horas. Ainda faltam três para o jantar. As mãos e o corpo parecem grudados ao tédio. Não tenho nem em que pensar.

SE *pelo menos eu estivesse apaixonada... Nem apaixonada estou. Mas poderia pensar em alguém. Seria delicioso ser muito querida. Se uma porção de meninos gostasse de mim. Se eu já estivesse tão cansada de ser cortejada que tivesse aprendido até a dizer não. Um dia, eu entrando em um salão de festas, segura e firme, encostaria em um pedaço de parede e ficaria ali, olhando. Sem medo nenhum. Afinal, bastaria acabar a música e alguém viria me tirar para dançar; e, se não viesse, eu continuaria olhando. Só olhando. Veja só como estão dançando contentes! Uma festa poderia ser um lugar de alegria. Eu queria que fosse. Seria uma pessoa segura. Sem medos. Então eu ficaria ali e nem olharia para ninguém. Os outros é que iam olhar para mim. E, quando eu menos esperasse, alguém que surgiu do meio da festa estaria ali; e então nós estaríamos na mais animada das prosas. Falando sobre coisas boas. Uma conversa que faria que ele ficasse só comigo. E não seria amor. O amor surgiria só muito depois. Muito mais tarde, em outro dia. E seria sempre assim. Eu teria gente interessada em mim sem precisar me esforçar muito. Bastaria existir. E não ficaria naquela agonia em que fico nas festas. Se eu fosse outra, as festas poderiam parecer alegrias certas de fins de semana. E então, voltando à história que agora quero me contar, eu começaria a namorar o cara. Ele seria um sujeito sem definição. Um sujeito com quem eu sairia. Nada de sofrimentos. Na escola, não haveria problemas. Bastaria fazer o mínimo para obter uma média razoável. Eu gostaria dele e ele gostaria de mim. E eu seria igual ao que imagino que os outros sejam. O amor seria romântico, mas não aflitivo. Seríamos tão*

somente gente. Será que os outros são assim? E então, um dia,
iríamos para festas em toda parte e seríamos nós. E depois dele
viriam outros, ou então ele seria o último. São detalhes que
não vêm ao caso. O que basta é que não haveria sofrimento. Se
com ele não desse certo, ele evaporaria sem agonia. E, em outra
festa, eu encontraria outro. Existe sempre um outro à espera
de gente que sabe encostar à parede sem medo de ficar o resto
da noite ali, encostada. É preciso ter coragem para encostar
à parede. É horrível encostar à parede durante duas ou três
músicas e depois ter de cantar em outra freguesia porque
ninguém se aproximou. Só quem está muito seguro de si é que
encosta no meio da sala de dança e espera.

Ah, meu Deus, ainda não se passaram nem dez minutos e ainda
falta tanto tempo para o jantar. No jantar estarão presentes meu
pai e minha mãe. Mas eu não gosto da companhia deles. Porém,
preciso de gente. Qualquer gente. Eu precisaria estudar. Não vai
dar tempo. Precisar de nota na última prova é horrível. A gente
fica aflita e pode até ir mal. Eu poderia estudar, mas queria tanto
sonhar. Quero sonhar mais ainda. Vamos voltar para o sonho.

Enrolo-me na cama, olho para o teto e passo para outro
capítulo. Então eu iria à escola e seria ótima aluna. Os
professores todos saberiam, já desde o início, que eu era boa
aluna. E seria tão fácil corresponder. Eu estudaria uma hora
toda tarde e teria nota boa todo ano, e teria ainda o resto
das tardes livres. Seria fácil, muito fácil. Então, prestaria
vestibular. Fácil. Resolveria que durante um ano não faria

nada, só estudar. Seria um ano só. Seria fácil. Depois, é claro que eu não tinha medo de perder distração. Eu sabia que, quando quisesse, ia me distrair. Não é como agora, que penso que cada chance de distração é uma dádiva, fruto do acaso e não do direito. Eu, hoje, não quero perder nada. Mas eu não seria assim. Eu saberia que, quando quisesse, seria só telefonar. E, depois, haveria tanta coisa interessante no mundo para fazer.

Então, fiz um vestibular brilhante. Entrei na faculdade, em que logo me senti bem, e sabia o que queria fazer, e tudo era tão fácil. O dia de amanhã parecia claro. As roupas caíam-me bem e eu existia tout simplement. *Como é bom existir quando as roupas caem bem e quando a gente tem certeza de que tudo pode dar certo. E eu conseguia viver o dia de hoje e o de amanhã, e tudo saía bem. Eu me sentia bem com o corpo que tinha, do jeito que era. Eu me sentia como uma mancha colorida. O colorido não era vermelho. Eu era uma figura marrom. Esguia e inteira. E os anos passavam.*

Meu Deus, ainda não se passaram as horas que tinham de passar. Não consigo sonhar com coisas emocionantes, pois quero sempre paz e sossego. E as histórias acabam logo. Só esta tarde não passa. Vou até a cozinha. Abro geladeira. Fecho. Abro armário. Fecho. Não é fome. Queria tanto ter notas boas. Fáceis. Será que vai dar tempo de estudar tudo que há para estudar? Eu queria emoções. Mas não há para onde ir e tudo é meio sem graça. Se eu sair, vou ficar com remorso de não estudar. Não consigo estudar. As coisas estão na mesa. A escrivaninha está aberta. Pronta. Como demora a passar o tempo. Eu queria pensar em alguma coisa que levasse bastante tempo para pensar. Em coisas que levassem a tarde inteira. Depois da tarde, vem a noite. A gente janta e depois dorme. Amanhã, há a escola. É uma coisa que a gente tem de fazer, e então faz mesmo. Estudar não dá mesmo; pode ter um depois. Sempre um pouco mais depois do que agora, que já é um depois.

Se eu me visse na escola. Não consigo me ver. Nem quando sonho de olho semiaberto. Sonhar de olho fechado, acordada. Não consigo bolar uma história comprida que dê para toda a tarde nem consigo adormecer. Se pelo menos eu tivesse um telefone... Se pelo menos essa casa fosse bacana e se eu não tivesse tempo para estudar. Se pelo menos eu não tivesse tempo. Sempre o tempo sobra. Sempre resolver quando fazer as poucas coisas que tenho para fazer. Isso é um inferno. Estou cansada. Queria fazer alguma coisa. Se eu estudasse, logo acabaria. Se eu acabasse de estudar, acabaria toda a minha aflição. E então, o que me afligiria? Meu mundo sem minhas aflições como seria? O que eu pensaria e o que me manteria em casa? O que faria? É sempre bom manter alguma coisa para fazer. A gente vai deixando de fazer coisas, não porque não seja capaz, mas para ter alguma perspectiva. Preciso estudar. Enquanto não estudar, ficarei pensando que tenho de fazê-lo – e assim não estudo. Só sei sonhar que tenho coisas, milhares de coisas agradáveis. Se eu não tiver de estudar, se já tiver estudado, o que farei? Terei de encarar que não tenho o que fazer. Que não sou capaz de encher minhas tardes. Que fazer? Eu poderia aprender inglês, mas não seria vantagem: todos e todas aprendem inglês. É chato fazer o que todos os outros fazem. Para isso já basta ir à escola. É uma coisa da qual não posso fugir. Gente da minha idade vai à escola. Mas eu não estou nunca na escola. Vou à escola, mas não a uso. Não aprendo nem me divirto. Seria bom se eu estivesse apaixonada. Quando estou apaixonada, tenho coisas para sonhar. Dá para sonhar a tarde toda. E dá para ficar bem, bolando o que fazer para encontrar o cara. Quando a gente tem namorado, pode bolar meios para não perdê-lo. O negócio é namorar, senão as tardes ficam assim. Não passam. Se não existe namorado, ao menos é preciso amar.

Ficar apaixonada sem namorar é melhor ainda. Não é aflição com responsabilidade. Puxa, estou me lembrando do Zezinho. Aquele cara de Santos que morava na alameda Nothmann. Ele, está mais do que claro, nem sabia que eu existia. Mas eu repetia o nome dele até no banheiro. Lembro-me tão bem de dizer o nome dele repetidas vezes enquanto cagava. Zezinho... Zezinho... Era uma palavra que eu tinha para dizer. Não sei se gostei dele um ano ou um século, sei que foi ótimo.

Tomava todos os dias o mesmo bonde – Vila Buarque – para vê-lo. Ficava emocionada sempre que passava diante da casa dele. E ele enchia a minha vida. Vida, aliás, é o de menos, o que importa é a tarde. Cristo, como custa a passar. Ainda nem começaram a fazer a janta. Nenhum som na cozinha. Se eu tivesse um corpo bacana. Se eu fosse bonita eu seria outra pessoa. Sinto-me tão feia e desajeitada. Acho que é melhor assim como sou. Com minha aparência não posso fazer muito para melhorar. É melhor fingir que não ligo para essas coisas. Não sou melhor porque não ligo. E assim vai indo.

Mas se eu tivesse corpo bonito. Se eu fosse bonita, seria a mulher dos meus sonhos. Eu encostaria à parede de uma sala de festas. Ninguém me deixaria lá. Do jeito que eu sou não adianta. Seguir de canto em canto falando com quem me aparece, fazendo de conta que não quero dançar. Assim parece que sou eu que não quero. Não fica na cara que estou tomando chá de cadeira. E tomo mesmo chá de cadeira. Faz de conta que é porque quero tomar chá de cadeira. É porque não ligo. Mas também parece que os rapazes fazem um favor ao dançar comigo. Ninguém tem prazer em dançar comigo. Sou tão desajeitada. Eu não dançaria comigo. Mas, quando dançam comigo mais de uma vez, fico no auge. Esqueço tudo e me divirto a valer. Mas é raro. Sou sem graça. Não sou uma coisa que os rapazes querem exibir. Eu os entendo e sinto-me mal quando me tiram para dançar. Sei que estão fazendo um favor. Fora das festas, sei que sou um bom papo. Mas preciso sempre ser inteligente. Mulher que não tem graça deve ao menos ser brilhante. Sala de festa não é lugar de brilho. Vou para o bar telefonar para a Judith. E para a Lúcia também. A gente tem de telefonar para as pessoas, senão elas não procuram a gente. Mas também, morando onde moro, ninguém vem até aqui. Lembro muito bem que nem meus pais têm amigos que vêm aqui. É muito longe e sem graça. Para morar longe tem de ser em uma casa muito linda com todos os recursos. Por isso tenho de ir. Ir. Ir. Será que não vêm porque é longe ou porque é besteira vir tão longe? Ou será que não vêm porque vou antes? Então eu telefono, eu vou, eu visito. Eu arranjo assunto. Nunca há assunto. Eu sempre arranjo assunto. Preciso comprar companhia. Será o acaso ou será que sou chata mesmo?

Lembro-me e não gosto de lembrar que, quando ia ao colégio de freiras, gostava da companhia de uma moça

chamada Lea. A mãe dela era viúva ou desquitada. Eu
comprava todo dia sorvete e coisas para ela e outras meninas.
Era dinheiro roubado da caixa da loja. Assim elas ficavam
comigo. Elas eram mais velhas do que eu. Pouca coisa mais
velhas, mas eu achava que aquilo é que era companhia, e
então comprava a companhia delas. Hoje também compraria,
pois me parece a única forma de aproveitar a vida. É preciso
ter companhia. E que assunto a gente pode ter com outras
pessoas que no fundo não nos interessam? A gente conta coisas
a respeito de outras pessoas. Ser novidadeira. Olhar para os
outros, já que a gente não tem nada de digno para contar.
Contar casos. Saber coisas intelectuais e pessoais. Para saber
coisas é preciso falar com pessoas. Vamos telefonar. O diabo
desta linha nunca dá linha. Tenho raiva deste bairro. É longe.
É feio e ninguém quer vir aqui. Ninguém dá um pulo até minha
casa. Não dá para testar se não vêm porque é longe ou se
porque eu não interesso. Aqui não há ninguém que interesse.
Neste bairro não há nada que interesse. Se pelo menos eu
tivesse telefone, eu poderia testar.

— Udi? Tudo bem?

 — Nada de novo.

 — Nenhuma novidade com a Lúcia?

 — Que eu saiba não há nada. O que você vai fazer este fim de
semana?

 (Era bem o que eu estava esperando ouvir. E a pergunta chegou.)

— Por enquanto nada, e você?

— Acho que vamos sair com a Carbia, a Hillie e a Tatão. Quer vir também?

— Sábado te telefono, tá?

(Não é bom se comprometer já. Pode aparecer coisa melhor.)

— Tchau.

— Tchau.

No sábado não ficarei sem programa.

Mas e a tarde de hoje que não passa? Vou comprar uma revista. Isso mesmo. Mas hoje é quarta-feira e *O Cruzeiro* só sai amanhã. Nem revista para comprar há.

Precisava estudar. Agora que sei que terei um programa no sábado, poderia estudar um pouco. Que alívio. Sempre é um programa. Um problema a menos.

E vou subindo as escadas devagar. Entro em casa e sento na mesma cama para gozar a satisfação de ter resolvido um problema. Ainda não era bem um problema. Mas, se não tivesse telefonado, seria. Já pensou que agonia sábado de manhã sem programa para a noite?

Agora eu poderia estudar um pouco. Vou até a janela, mais perto agora dos livros. Mas agora tenho um tema para sonhar. Posso sonhar sobre o que poderia acontecer no sábado à noite se eu fosse outra pessoa.

Segura. Firme. Aquela que para, encostada à parede, porque sabe que não vai ficar muito tempo ali.

Vamos sonhar. E deito na cama para mais um sonho antes de estudar.

Sentada à imensa mesa da sala, com todas as luzes acesas, jogo paciência.

A mesa tem tampo de madeira grossa, bem marcado pelos anos de trabalho de costura feito sobre ela. Na parede, uma estante com uma cortina estampadinha. Debaixo do estampado, na segunda prateleira, o telefone. Silencioso. Ninguém toca o telefone para mim nos sábados à noite. Meus programas são combinados no trabalho. O clássico engatar um programa. Nos sábados em que não dou plantão, como hoje, jogo paciência. Ninguém vai ligar para mim hoje. Mas não resisto a lançar um olhar de tempos em tempos para o local em que se acha o diabo negro silencioso. Esperar não dá sorte. Quando menos se espera, quando se está distraído, é que as melhores coisas acontecem. A paciência não deu. Toca embaralhar todas as cartas outra vez e começar a colocá-las metodicamente sobre a grande mesa. Seis viradas para baixo, a sétima para cima. Cinco para baixo, a sexta para cima...

Como tudo mudou. Para a moça que sou hoje, amor é quase sinônimo de excitação. Excitação paralisa dores físicas, distrai a gente das preocupações e ansiedades. Preciso de um homem para me excitar. E sábado à noite é tão vazio. A paciência não consegue me tornar plena. Agora mesmo continuo lançando cartas e já estou pensando. Sou obrigada a ver o que sou. Só. Isolada. Antigamente, sonhava com amor e romance. Hoje tudo se resume à excitação. Não sei bem em que momento se deu a transformação. Domingo de manhã tem gosto doce quando houve excitação na véspera. A solidão da cama de solteira é menos amarga quando há o que lembrar. Amanhã não vou ter ressaca de excitação. É tão mais fácil excitar do que ser amada. De repente, a gente sente que isso não é tudo. Não é ser amada. Mas como será que cheguei ao que sou hoje?

> *Foi o João. Tudo começou pacificamente. Amor de adolescente, dizem. Ele amava e eu amava também. Começou um redemoinho de excitação. Sexo. Até que um dia aconteceu aquela coisa maravilhosa. Excitação e mais excitação, mais ainda para chegar a um momento de paz. Sensação única. Nova. Maravilhosa. Tinha sentido o céu. Silêncio. Lembro que foi na cama da minha mãe. Silêncio, e nenhum de nós queria mais excitação, mas também não queria ir embora. Onde estava minha mãe? Era sábado à noite. Não disse nada porque o que senti não tinha nome. Aquilo não poderia acontecer duas vezes. Era o acaso. Agora aquele amor ia acabar. Senti uma profética visão de cataclismo. Impunemente não se podia sentir o céu. E eu nem acreditava mais em Deus. Mas o que senti era grande demais para ser corriqueiro. Não era um nome. Não era uma ideia. Era. Tão somente era. Pensei, com todas as letras, que nada mais me importava. Bastava aquele momento. Hoje admiro que há tão pouco tempo eu fosse tão pura. Senti a PLENITUDE.*

A paciência não deu de novo. Azar no jogo, sorte no amor. Toca embaralhar bem as cartas. Não se pode ter cartas mal embaralhadas. O telefone não toca. Mas, se alguém pensasse em mim, ele tocaria. Mesmo que não fosse ele, poderia ser alguém lembrando que eu existo. Preciso jogar mais. Sete, seis, cinco. Esta já começou mal. Tudo carta baixa que vai ficar presa e a paciência não vai sair.

É isso mesmo, desde João procuro só a plenitude. Sei como chegar a ela. E isso, que poderia ser bom, está tornando a plenitude cada vez menos plena. Tinha de chegar ao paraíso sozinha e deixar o outro pensando que eu estivesse no inferno. Lembro como se fosse hoje como ele foi embora naquela noite. Igual a todas as outras noites. Só que, para mim, parecia um adeus. Pensei com meus botões: "Se tudo acabar agora, se ele nunca mais voltar, se nenhum outro homem olhar para mim na vida – não importa".

Mas o pior começou aí. Desde então, aperfeiçoei a procura da plenitude. Piada amarga. E até agora me satisfaço com a plenitude. Não sei quando vim a identificar o meu paraíso secreto com orgasmo sem saber que era. Essa palavra horrível. O que senti não tinha som duro. Não tinha G, nem R ou S. O que mais se aproxima ao que senti é L, muitos deles. Talvez só o L consiga se aproximar das ondulações da plenitude. Queria ter uma filha, um dia, que sentisse orgasmo sem saber o que é. Sentir a comunhão com o desconhecido. Era maior do que "orgasmo". Era meu. Um roubo. Tendo nome, é mundo. É plenitude oficializada. Não é mais só meu. Meu, como aquele primeiro orgasmo que me fez sentir uma escolhida. Uma mais bem-dotada. Não sei como andava pelas ruas naqueles dias. Devia ser reta e varonil. Eu tinha sido escolhida. Nunca pude imaginar que aquilo fosse um bem da humanidade. Tudo foi se

tornando vil quando percebi que não era só meu. Um dia, notei
que há tempos eu sabia que aquilo era orgasmo. E, agora, amor
é excitação. Adoro dançar juntinho. Sentir sexo de homem
encostado em mim. Isso me autoafirma. Gosto de me sentir
desejada e não penso, naquela hora, em ser — ou não — amada.
É morfina que tomo. Cada um tem a morfina que pode.

Puxa... a paciência saiu. Será que errei? Pode ser sinal de sorte. Quem sabe o telefone toca. Estou com os braços cansados de lançar cartas sobre esta mesa toda marcada pela carretilha de dona Cecília.

Ainda não consigo imaginar que dona Cecília, por exemplo,
possa ter tido orgasmo. Ainda não dá para considerá-lo
um bem inteiramente coletivo. Acho que é só para alguns.
Não pode ser de todos. Plenitude tem de ser uma coisa de
eleitos. Sei que não é. Sei. Mas não adianta, continuo não
conseguindo imaginar. Maldito negrinho silencioso. Eu te
odeio e te amo. Antes não tinha telefone e o amava somente.
Agora amo e odeio. Preciso dele para não me sentir tão só. E
ao mesmo tempo ele me torna irremediavelmente só. Ele não
está com defeito, não. Chamou pela Nice, pela Cibele. Só por
mim é que não se mexe.

Agora procuro a plenitude. Prefiro pensar assim a pensar
em orgasmo. E encontro, fácil. Menos sábado à noite. Mas é aí
que a coisa fica meio suja. Suja porque sei o que quero antes de
começar. Levo tudo, tudo, para a plenitude. Com João foram
centenas as plenitudes. E com ele não chegou a ser algo sujo.
Com ele dava sempre muito certo.

João se foi. Outros foram me dando as mesmas coisas.
Uma vida toda dirigida à procura do orgasmo. Agora já é
orgasmo, com G, R e S. Nunca mais será como a primeira vez.
Hoje sei que tenho relações de demi-vierge. Sujo. Covarde.
Ninguém pede mais nada. Bastam as coxas. Eu ainda me
pergunto: por que João nunca pediu nada mais além de coxas?
Nunca falamos. Era bom demais para se tornar palavras. E
ainda hoje me pergunto: no que ele pensava? Eu não pensava.
Para mim era a vida. Não me sentia suja. Hoje me sinto miúda.

Se os sábados não existissem. Se os domingos fossem
para o inferno. Meus homens são homens de dia de semana.
Parece que vai dar de novo esta paciência. Hoje tudo mudou.
Mudei de cidade. Sou da faculdade. Intelectual. Inteligente.
Por que será que basta o que tomam de mim? Por que será
que não pedem que eu seja deles? É porque não me amam.
Preciso pensar em outra coisa. Mais uma vez, sinto-me como
se tivesse de me encostar a uma parede em um salão de festas
onde ninguém me tirasse para dançar. Um aperto em algum
lugar do tronco dianteiro. Não posso parar para pensar. É
preciso ter ideais. Existem mil para ser defendidos. É preciso
olhar para o mundo, para a sociedade. Justiça. O mundo
está aí para ser mudado e eu só falo que quero mudar. Não
consigo me interessar mesmo por política. A espada de Lott,
as frentes comuns de estudantes e operários. A liberdade. São
apenas palavras para mim. Sinto-me mal por não conseguir
pensar nos outros. Só penso em mim. É muito chato ler Marx,
isso para não falar em Lênin e Trótski. Gosto da vida que a
esquerda me dá. Gosto da vida que a faculdade dá. Gosto da

vida, não consigo gostar das coisas. Não consigo aperfeiçoar-
-me em coisa nenhuma que não seja encontrar o orgasmo e as
oportunidades de senti-lo.

E, depois do João, houve o Catão. Casado. Também se
satisfazia com menos que tudo. Nunca disse, nunca pediu.
Nunca pude dizer não. E depois de Catão veio o Cícero.
Casado, bonito e insinuante. E, nesse meio-tempo, outros
tantos que me deram tantas plenitudes. Cada vez menos
plenas. Cada vez mais mecânicas. Cada vez com menos
surpresa. Sou eu quem dita as regras do jogo. Houve um, Gil,
que parecia gostar de mim. Talvez por isso me lembre dele.

Caí em uma vida de concessão. Aceito o que me dão. Por isso esse
telefone silencioso aos sábados à noite. Eles não me procuram. Encontram-me. As cartas vão saindo. Rei, oito de espadas. Gosto das
cartas vermelhas. Implico com as pretas. São feias. Sou mulher de
depois do trabalho.

Era solteiro, magro e bom. Tomei-me de repulsa quando soube
que teve tuberculose. Eu não queria homens doces. Gostava
dele. Mas não consegui namorá-lo. Até hoje sinto nostalgia de
ser querida. Ele é um momento de afeto. Mas eu fugi dele como
o diabo da cruz. Namorar não me ia. Com namorado, sentia-
-me como uma cueca vestida em uma vaca. Mal. E isso tudo há
tão pouco tempo.

Voltando ao Cícero, como sofri! Eu o idolatrava e até
hoje, quando o vejo, compreendo que o tenha idolatrado.
Ele, não sei o que queria. Nunca cheguei a saber. Um dia,

num ônibus, pediu que eu fosse com ele ao apartamento de um amigo. Assustei-me. Esse ia topar a parada. Num misto de espanto e susto, calei-me. Como ele interpretou o silêncio, ficou logo esclarecido. Ele era meu deus socialista. Falava grosso e assistia a muitas reuniões, às quais chegava sempre atrasado. Era um deus socialista com uma carreira brilhante. Era blasé. Descrente. Sabia tudo. Trabalhava bem e tinha muitas mulheres e filhos. Era homem e eu não queria menino para amadurecer com ele. Queria homem feito. "Vamos ao apartamento de um amigo. Ele não está lá." Se isso foi dito assim, ou mais longamente, não lembro. Estávamos sentados no último banco do ônibus, passando pela praia do Flamengo. Diante do silêncio, ele anunciou o que de mais cruel poderia ter anunciado: "Pode vir. Não vou fazer nada de mau". Isso dito com um mínimo de cinismo e um máximo de sinceridade. Fui triste e decepcionada. Meu homem socialista acreditava em virgindade. Fomos. Era um apartamento pequeno, na Nossa Senhora de Copacabana. Nada de mal me aconteceu. Também nada de sublime. E, como em todas as outras vezes, senti uma plenitude cada vez menos plena. Mais mecânica. Fria.

A máquina de plenitude em marcha. Paraíso depois do pecado. E Cícero acabou. De Cícero e Catão passo a tantos outros amores. Amores que não me procuram. Encontram-me. Nos sábados à noite, os homens ganham o direito de escolha.

Jogo paciência. Nove e meia. Jogo até as dez. Meus braços já estão cansados. O telefone não toca. As boates estão repletas de mulheres escolhidas. Durante a semana, invejam-me porque estou com os homens delas. Coitadas. Têm inveja de mim. Olham-me de lado. Não passo de uma coitada, mas elas não entendem. Apenas convivo com eles. Disputo um lugar ao sol com igualdade. Mas no sábado não posso telefonar. Torno-me escrava da paciência.

Eu amo Cláudio, mas sairia com alguns outros. Cláudio não me telefona. Espera meu telefonema todos os dias. E eu telefono. Eu o vejo. Entro na cama quente em que ele dormiu a noite inteira. Não me incomodo com o hálito de uma noite inteira de boca fechada. Amo Cláudio. Adoro Cláudio. Ele não tem defeitos. Ele é perfeito.

Só quero a cama quente de manhã. Sei que ele não me telefona agora. Está no Leblon, no bem-bom. Não espero isso. Eu tenho o que dele quero. De certa forma, sei que significo alguma coisa para ele, mesmo que nossa solução de vida não seja a mais comum. Mas se não existissem os sábados e a solidão... Ele não quer a minha virgindade, mas com ele pouco importa. Eu já disse que quero ser dele. Com ele, tudo é como se fosse com o João. Deve ser amor. Não é mecânico, porque ele sabe mais do que eu. Ele me leva ao infinito da felicidade. E eu não peço o que ele não quer me dar. A coisa não se coloca assim. Mas eu preciso de outra coisa que outros têm de me dar. Ele me dá uma coisa que não tem nome. Alegro-me desta vida secreta. E esta vida secreta não me aflige. Sei que ele me ama. O resto não me interessa. Sei que sou importante para ele. Ele não tem ciúme. Dentro do nosso trato, nós nos completamos. Fora das horas dele, falta alguma coisa. Falta sair sábado à noite.

Não aguento mais jogar paciência. Não aguento sair daqui. Não aguento ir dormir. Não importa o que faça, ele não deixa de ser meu deus-homem. Adoro este Cláudio e sinto que isso não acaba mais. É uma vida.

E cada vez menos vou correspondendo à imagem da mulher esguia e inteira, que se veste de marrom. A imagem de infância que me persegue. Sou aparentemente uma mulher de carreira. É isso que dizem de mim. Saí da horrível casa e frequento os mais seletos salões. À minha custa. Mas a minha mulher de marrom não era só aparência. Era verdadeiramente segura. Eu não sou. Aliás, durante a semana sou. Em alguns lugares, sou. Mas sozinha sou um fracasso.

Todas saíram, só estou eu. São 21h45, e entre Cláudio e o meu futuro há outro homem sem nome, cujo rosto não desagrada.

Não gosto da pele dele, muito menos das orelhas. Amor dá menos certo com ele do que com Cláudio. Este me leva a hotéis de milésima categoria e dormimos a noite inteira juntos. Intacta. Quem quer algo mais do que coxas? De mim, ninguém. E para este homem sem nome não quero dar. Como explicaria ao Cláudio? Para este, não. Também não chego a dizer isso. Não se faz necessário. Ele me ama, mas não pode se casar comigo. Sábado à noite, está com a noiva doente. Parece piada de Grande Hotel, mas não é. Existe a Elga, que ele machucou, e hoje é doente. Por causa dele. E ele vai se casar com ela. Estranho. Sei que ele espera torná-la feliz com o casamento para que morra feliz. É macabro, mas é verdade. Não é Nelson Rodrigues, não. A vida como ela é existe. O homem sem nome e sua Elga são uma peça macabra. Ele insinua que devo esperá--lo até tornar-se viúvo de consciência tranquila. Ele é um homem às direitas. Os ensinamentos do Santo Pai, funcionário de banco de capital nordestina, pegaram e frutificaram. E Elga será feliz. Dez horas. Se eu dormir agora, acordo cedo. No domingo, é horrível acordar e ter 24 horas vazias pela frente. Bem, sempre tem praia. Pelo menos praia. Levanto e vou à janela olhar para o céu. Tem estrelas. Amanhã fará tempo bom. Que bom! E eu queria ser minha mulher de marrom, que não é virgem, não. Aliás, a esta altura, não faz a menor diferença para mim. Já fez. Já quis. Hoje tenho vida de mulher com um senão. Uma peninha no caminho. Não perturba ninguém. Pelo menos parece não perturbar. Sou desinibida e sábia no conduzir do amor. Homem já tem poucos segredos.

Assim mesmo continuo com um quê de saudades do primeiro orgasmo. Idade infeliz. Vazia.

Anos dedicados à procura do prazer. Da excitação e do orgasmo. A qualquer preço. Com quase qualquer um. Já não sei mais namorar. Política. Estudos, carreira, trabalho, amigos — grandíssimas frustrações.

Beijos. Abraços. Sexo de homem. Esperma. Quanto esperma desperdiçado. Pernas que se abrem e pênis perdido entre as coxas. Nem homens, nem rapazes.

E a noite custa a passar. O telefone não tocou. Não tenho a quem tocar.

Na cozinha que não é minha, o relógio faz tique-taque. Segunda, terça, quarta, quinta e sexta são dias de amor e trabalho. Apartamentos, hotéis para o prazer. Minha mãe não me ensinou a jogar paciência. Ensinou a dar. Mas o mundo, como em uma conspiração, resolveu desmentir minha mãe. Virgindade não é para usar. O prazer é lícito só quando o hímen fica intacto. Junto as cartas. Olho pela última vez o telefone negro, como carvão brilhando, como espelho traidor. Mais uma vez ele me traiu. Deito-me só com minhas coxas enxutas. Limpas.

O Rio

ostaria de ir morar no Rio.

Um mês depois, ou nem isso, a paulista suburbana de esquerda, trotskista jamais comunista, está na capital federal.

Ela tinha 20 anos e terminava o primeiro ano da faculdade. Ele tinha 40, era considerado um gênio e conhecia Deus e o mundo que importava conhecer. Casado, contudo. Apresentou à paulista suburbana os *points* literopolíticos mais importantes: a casa do Mário Pedrosa, a casa do Bruno Jorge, a casa da Ilde Veiga. Ela arranjou um emprego e sentiu que tinha resgatado sua integridade. Presunção e água-benta. Ele achava que ela saíra de casa por amor a ele. Ele não podia imaginar o nó migratório complicado que aquele movimento tinha gerado nela. Ele tinha uma pobre alma, pequena e vaidosa; era mesmo um poço de vaidade. O motivo da mudança não foi ele.

Como se fosse um fantasma ou a reencarnação de uma mundana, ela pairou por sobre o chão estrelado dos últimos anos de capital federal – o Rio de Janeiro. Ainda não tinha Aterro, e o morro de Santo Antônio impedia que a brisa e a marina chegassem à rua do Lavradio e à Gomes Freire. A *Tribuna da Imprensa* e o *Correio da Manhã* eram um caldeirão dos diabos de calor. Os Diários Associados – ali na Sacadura Cabral, perto do Porto – tinham um clima mais ameno. O *Jornal do Brasil*, ainda não modernizado, ficava ali na avenida Rio Branco, pegando a brisa que corria da praça Mauá até o Senado. Nas redações, as mulheres faziam social e conversavam sobre culinária. Cláudio Abramo, quando a entregou ao Ilka Leite – chefe de reportagem da *Tribuna da Imprensa* –, salientou seu conhecimento de inglês e francês. E então foi a glória! Coube a ela, desde o primeiro dia, entrevistar todo e qualquer estrangeiro que chegasse ao Galeão nos possantes Constelations. Ganhava um salário básico de setorista. Era suficiente para pagar um quarto em casa de família, condução e comida. Nem passava pela cabeça de ninguém que uma moça devesse alugar um apartamento. Endereço: rua Tonelero, quase esquina da Santa Casa, nos fundos do Balalaica, a cem metros do prédio em que morava Carlos Lacerda.

E então, os nomes que apareciam em jornais assinando crônicas, reportagens ou mesmo citados como grandes personalidades passaram a ser companheiros de trabalho. Será que eram companheiros ou seriam colegas? Quem sabe amigos? Que relação tem a borboleta com as flores ou o cachorro com os postes? Seus companheiros de trabalho eram um pouco colegas, um pouco amigos; um pouco borboletas e flores; cachorros e postes. E, se tudo era estranhamente familiar para ela, ela era estranhíssima para os outros. Décadas depois, ela se estranhara em suas memórias. O que a moça da Lapa, filha de um pequeno comerciante estrangeiro que nem telefone tinha em casa, fazia no Vermelhinho? E, nas quartas-feiras, na casa do Bruno Giorgi – quando Dante Milano, Alfredo Volpi e Ribeiro da Costa liam a *Divina comédia* no original? Ela não sabia, mas ficava ali sentada como se fosse da turma, feito uma borboleta que se sentia um cachorro vadio.

E o que será que ela conversava com o jornalista Milton Carlos? E com a família Besouchet? E com o Moniz Bandeira? E com Sérgio Porto, Rubem Braga, Murilo Miranda?

Depois de um tempo, acumulou um emprego nos Diários e passou a escrever para a *Revista da Semana*. Seu sonho – nunca realizado – era trabalhar n'*O Cruzeiro*. Mas *O Cruzeiro* era o lugar dos grandes.

No palácio do Catete estava Juscelino, levantando a moral do país. Tinha o Vogue, tinha o Sacha, tinha a Dolores Duran, o Antônio Maria. No Leme moravam Clarice Lispector, Burle Marx, José Olinto, Panccetti, Bruno Giorgi e outros tantos de que agora não me recordo. Tinha o Mário Schenberg, que morava em São Paulo, mas estava sempre por ali, junto de mulher – Julieta Bárbara –, que passava temporadas com a filha, Ana Clara. E tinha também a Lígia Clark logo ali na Atlântica, esquina com a Prado Júnior. O Luís Alberto Bahia morava perto da Tonelero, num sobradinho no bairro Peixoto.

Naquele tempo, poucos jornalistas vinham da burguesia, muito menos da burguesia intelectualizada. O jornalismo não era uma profissão bem-vista, pois havia muita picaretagem. Muitos trabalhavam cinco horas num jornal e depois iam assinar o ponto na repartição. Todo mundo se arranjava num emprego de repartição e ia levando. Mas o jornalismo era um caminho bastante eficiente de ascensão social. Ainda não existiam escolas de comunicação, e o jovem se fazia no próprio trabalho.

O setor do Galeão, ao contrário, constituía-se num núcleo de meninos de "boa família", pois pressupunha certa cultura geral e o conhecimento de línguas. Ali as coisas eram diferentes. Por sabermos línguas, éramos vistos como elementos diferenciados. Poucos eram os jornalistas que falavam línguas estrangeiras naquela época, e no setor Galeão supunha-se que teríamos de entrevistar não só os brasileiros que iam e vinham nos Constelations da PanAir e da Real: tínhamos de estar preparados para conversar com qualquer *VIP* que chegasse de qualquer canto do mundo. Em geral, eram as companhias de aviação que nos informavam quem viria, mas às vezes nem elas sabiam. O nosso grupinho era chamado de "jardim de infância" pelos outros colegas. Havia Mauro Salles, filho do senador Apolônio Salles, n'*O Globo* – Maurinho, o atual potentado da publicidade brasileira; Lisa Edgard de Andrade n'*O Cruzeiro*; Miranda Jordão, sobrinho do maior acionista do *Última Hora*; Elza na *Tribuna da Imprensa* e n'*O Jornal*; Carmem Judi Chateaubriand, sobrinha de Assis Chateaubriand, no *Diário da Noite*. Éramos jovens, falávamos inglês e francês e galgávamos o primeiríssimo degrau da contravenção. Para ser mais gentil com nós mesmos, diria que começávamos a transgredir. As artes plásticas ferviam. Os homens tinham *garçonnière*. Os ricos eram donos de um; os remediados dividiam entre amigos. Faltavam 20 anos para que chegassem os primeiros motéis.

Minha vida parecia, para os de casa, algo de fascinante. Encontrava-me com grandes personalidades e aparecia em lugares proibidos para o restante dos mortais. O homem de imprensa tem uma aura extremamente atraente. Ele vê as coisas acontecerem como se fosse íntimo das forças que norteiam nossa vida. Essa ilusão atua também como cachaça para o profissional que se enche esperando as coisas acontecerem. Os acontecimentos são sempre horas de espera e de humilde expectativa. Os homens famosos e públicos em geral são chatos. Raras vezes nos entusiasmamos por um deles. Sempre nos fazem esperar em condições desconfortáveis. As reuniões demoram; os aviões atrasam; as personalidades ora nos chutam, ora nos badalam. O homem de imprensa tem sempre uma atitude servil. É necessário tolerar tudo para relatar no jornal no dia seguinte. Os homens comuns leem os jornais e ficam sabendo das coisas que os homens de imprensa viram. E, lá na pensão de dona Cecília, todo mundo adorava saber, em detalhe, o que não tinha sido relatado. O relato boca a boca é mais fidedigno. A bem da verdade, mesmo nesse particular a casa e seus moradores não chegavam aos extremos da curiosidade. Um diálogo de surdos era muito mais frequente que a troca de ideias.

A pensão de dona Cecília

Era uma rua de poucas casas e muitos prédios. Existia ali uma casa amarela, assobradada, com um jardim na frente. Não havia nada de delicado no jardim: somente as plantas mais fortes sobreviviam. Nunca vi ninguém ligar para elas. Em compensação, existiam plantas mais bem-cuidadas, que eram mantidas em jarros. É estúpido, mas é verdade. Era moda plantar plantas exóticas em jarros no Rio de Janeiro. Isso faria sentido nas regiões da cidade onde predominavam os apartamentos, só que a moda também invadiu as casas. Assim, os jarros eram cuidados e o jardim ficava à mercê do bom Deus.

No jardim havia um banco encostado na parede da frente da casa. No portão existia uma trepadeira. Sem dúvida nessa casa havia pessoas que acreditavam que a melhor terra é aquela que continua em íntima ligação com o planeta. Depois chegaram os que preferiam acreditar que a melhor terra é aquela comprada em lojas de plantas ornamentais. Talvez não tenham chegado a esse ponto; talvez a terra dos jarros fosse tirada do próprio quintal. Não me lembro de nenhuma flor nesse jardim. Recordo-me de que as moças o usavam à noite para namorar, pois era escurinho e acolhedor.

Na casa moravam quatro moças e uma menina. As quatro moças namoravam às vezes, mas não sempre. No jardim também havia uma árvore – que não podia ser bonita, pois nada era bonito naquela casa. Eu nem sequer lembro se a árvore fazia sombra. Era estranho haver um jardim numa rua cheia de prédios de concreto.

A casa amarela era um tipo de construção muito comum no início do século. Geminada, tinha até a data escrita em baixo-relevo sobre a porta de entrada. Não me lembro da data. Vejo nítidas as florzinhas em relevo que enfeitavam o alto da casa, camuflando o telhado. Um bordo mais alto imitando qualquer tema clássico. E, pouco abaixo, uma fileira de rosinhas também pintadas de amarelo. Era um fato anacrônico uma casa naquela rua. Desperdício de terreno. E por isso ela estava à venda Os proprietários não tinham bens para construir. Ter um grande terreno no coração de Copacabana e não ter dinheiro para usá-lo de forma mais lucrativa é uma piada. Os moradores da casa amarela eram inquilinos, e como tal não amavam a terra sobre a qual repousavam. Os donos não sabiam o que fazer com aquele imóvel que rendia pouco e valia muito.

Era uma casa mal-amada. Só eu a amava. Acho que existia um quintal também. Devia ser para quarar roupa sobre as chapas de zinco. Quarar roupa é um hábito rural que fica lindo nos dias chuvosos do Rio de Janeiro. As chapas de zinco cantam numa cidade em que os tetos não cantam mais, pois estão bem no alto, isolados das pessoas. Na cidade em que a chuva não canta, as chapas de zinco entoavam música debaixo da tempestade e cozinhavam a roupa nos dias de calor. A entrada da casa era lateral e com degrau de mármore. Uma vez por semana alguém passava montes de sapólio para que o mármore ficasse limpo. Mesmo com o maior desleixo, o mármore era sempre mantido limpo, inclusive na pia! Entretanto, a parte que fica sob a pedra era limosa e suja. Mas o mármore e as ferragens mereciam especial carinho.

O mármore é sempre limpo porque se trata de material nobre; as ferragens são valorizadas porque costumavam ser importadas e, portanto, caras. E, no mais, ninguém olha por baixo de nada! Portanto, vamos manter brilhante somente o que salta aos olhos! Bem, garanto que o mármore do degrau que separava a casa do corredor estava sempre limpo, apesar de já gasto pelo uso de anos e anos. Devia ter a idade da casa, que não era nada nova: naquele tempo já era antiga. Essas casas geminadas do início do século têm vida curta porque ninguém as ama. Não receberam reformas quando elas se fizeram necessárias e foram sendo usadas, mal pintadas, mal mantidas. Por isso vão morrendo cedo. Não era casa de rico. Nunca ninguém a amou ou nunca pôde demonstrar seu amor na forma de manutenção. Ela estava no fim.

Dona Cecília

Era uma família matriarcal. Dona Cecília mandava. Todos morriam de medo dela e, ao mesmo tempo, ninguém a respeitava. Mas não pensem que alguém ousava levantar a voz ou responder para ela. Isso nunca! As fórmulas do respeito eram mantidas de A a Z. O matriarcado se caracterizava por um total abandono de todas as decisões nas mãos dela. Era a pessoa com iniciativa na casa. Não dava direito de revolta, já que só ela provia o dinheiro necessário para qualquer decisão. Contam na família que sempre foi assim. Da mãe dela nunca se ouvia falar. Sua memória perdeu-se no tempo. Os filhos de dona Cecília nunca tiveram avós. Dona Cecília surgia aos 60 e tantos anos como que provinda de geração espontânea. Costurava. Era gorda, de cabelos brancos tendendo para o loiro. Cabelo sem força. Ela era balofa. Mole, muito mole. Pensar nela nua só suscita a ideia de uma barriga grande que, apertada, se dobraria como um pano. Mas não era barriga caída. Era fofa. Ela era fofa. A pele branca e as faces ainda rosadas. Dos dentes, não me lembro. Nessa altura da vida já devia usar dentadura. Mas, certamente, não era uma dentadura acintosa. Nariz pequeno no meio das bochechas e um pescoço gordo e fofo, como tudo nela. Vestia umas roupas de cor neutra; nunca a vi bem-vestida. Não que se vestisse mal ou bem. Cobria-se de forma que a roupa e ela formavam uma unidade de forma, espaço e idade. Estava sempre convenientemente trajada. Nunca ouvi dizer que fosse costurar uma roupa para si mesma. Suas roupas não tinham idade. Se acabavam, não posso imaginar. Nunca precisavam de remendo. Se os botões caíam, eram costurados às escondidas. Ela não existia enquanto ser necessitado de cuidados. Também não cuidava dos outros. Não vamos nos enganar. Ela era durona, forte.

Uma doença crônica a perseguia: pressão alta. Bastou ter pressão alta para que com a família fosse ter uma pousada em porto de mar: desceram as serras para morar no Rio de Janeiro. E lá vieram dona Cecília e sua máquina de costura serra abaixo para continuar provendo a todos cama e comida.

Os silêncios de dona Cecília

Tratava-se de uma heroína silenciosa, que não alardeava seu heroísmo pela vida afora. Sua compostura e persistência eram seu grito e seu discurso de poder. Nunca parada, sempre ocupada, era um bofetão sobre todos os ociosos. Não se metia na vida de ninguém. Coisas que aconteciam diariamente, as quais ela deveria criticar, fingia que ignorava – embora todos soubéssemos que ela sabia. E assim ela censurava. Sempre com a dignidade da grande mãe almejada. Dona Cecília agia como consciência alheia e, acintosamente, continuava sentada à sua máquina de costura. Ela deve ter sido bonita. Velha e heroica ainda não era feia. Era limpa de corpo. Sua pele era sempre branquíssima. As veias azuis desenhavam-se nos seus braços. Nenhuma pintura. Seu banho, diferentemente do nosso, não era fato público. Não ia exibida para o banheiro carregando saboneteira e toalha. Nós, os mortais, quando íamos para o banho, exibíamo-nos com apetrechos na mão andando pelo corredor. Ela só exibia trabalho. Todo o resto era na surdina. Era quase um ser etéreo. Assim, fora do mundo ausente das grandes necessidades dos mortais, ela impunha sua força à custa da vida exemplar. Não tossia, não espirrava e sem dúvida nunca peidou. Nem nunca disse que era infeliz, embora nunca tenha alardeado felicidade. Ia pelos anos afora sustentando

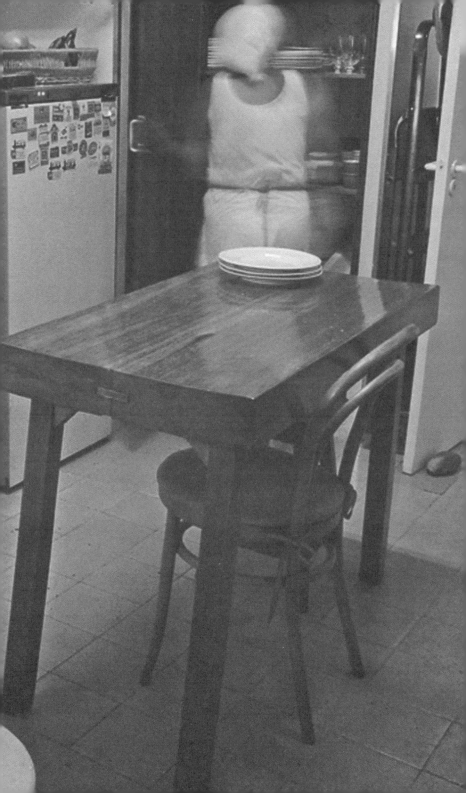

marido inútil, filho aleijado, filha solteirona, sobrinha abandonada, enteada. Tinha netos da filha casada. Às vezes, dizia sentir falta deles. Só esse ramo da família não seguiu serra abaixo em virtude da sua pressão alta. É que o genro supria a casa da filha. Só desciam para passar as férias.

Nas poucas vezes em que falava sobre si mesma, viemos saber que era do interior. O que fazia, por que se casou continuam incógnitas. Sua realização começou quando abriu uma pensão na capital. Naquele momento, o marido já tinha sido aniquilado. Como teria sido a vida de dona Cecília se, em vez do sr. Arduíno, tivesse escolhido para esposo um homem que "desse à casa todo conforto"? Não seria dona Cecília, seria outra pessoa. Ela acolheu o sr. Arduíno porque este lhe permitiria desempenhar o papel que tinha escolhido.

Sr. Arduíno

Sr. Arduíno só não se matava porque já estava morto. Ressuscitava duas vezes por dia, mas só para si mesmo: na hora de fazer o jogo do bicho e no momento de conferir o resultado. Se ele ganhava, não comemorava; se perdia, nunca confessava quanto. Também nunca anunciava seu palpite. Mas todos nós sabíamos que ele jogava. Era isso que o mantinha vivo. De resto, estava morto – bem morto – por obra e arte de um mundo para o qual não fora preparado. Nenhum homem é jamais preparado para ser dominado por uma mulher. Se um tímido cai nessa armadilha, pobrezinho, está frito! Frito e morto! Foi o que aconteceu ao sr. Arduíno.

Menino do Brasil central, filho de italianos, fez primário e aprendeu ofício. Entretanto, já o esqueceu. O primário serviu para jogar no bicho. É bom ser alfabetizado para jogar no bicho. Embora, para isso, as letras não sejam indispensáveis. Passado dos 60 anos, ele não reclama mais. As histórias da família não registram qualquer revolta armada sua. Seu ofício não serviu para a família. A pensão sustenta a todos, e hoje é a máquina de costura que lhe dá o dinheiro para jogar no bicho. Ele não tem vontades; não tem comidas preferidas; não pede roupa limpa (dona Cecília não descuida do mínimo, não nos esqueçamos!). Não tem do que reclamar. Mesmo seu dinheiro de bolso para jogar no bicho aparece por obra de um milagre. Não que ele tenha acesso ao dinheiro, isso nunca! Talvez roube da verba destinada às compras, talvez tenha um pé de meia. O que sei é que o sr. Arduíno nunca precisou pedir dinheiro. Pode ser que a esposa lhe desse o que julgasse de direito. Enfim, ele existia silencioso pela casa. Consertava uma tomada, se fosse necessário. Arrumava o rádio. Tinha lá suas habilidades manuais que compensavam um pouco o dinheiro que dona Cecília gastaria com a manutenção da casa. Trabalho de marcenaria era com ele. Tudo leva a crer que por ofício fosse marceneiro, mas isso antes da pensão. Contam que era gabiru. Contam ainda que tinha lá seus casos, e que dona Cecília não esquecia, embora não demonstrasse rancor. Era marido de uma falsa humilde. E a humildade o esmagou. Era pequeno, e fazia com dona Cecília um par de opereta. Moreninho, pequenininho, encurvadinho, quietinho, submisso, fazia compras para a oficina de costura e para a cozinha. E também entregava as roupas às freguesas. Dona Cecília nunca falou sobre esforços que tivesse feito para reabilitá-lo. Provavelmente não fez nenhum. Acompanhava com seus olhinhos azuis presos à costura a decadência do marido.

E não dizia nada. Era mais um para suas algemas. E assim dominava. Fez do sr. Arduíno um homem de recados.

Lelé, o filho de dona Cecília

Lelé, pobre Lelé. Danificado de corpo, todo torto, babando, encurvado, com pernas semi-inúteis e a mente perfeita. Tinha até terminado o científico. Totalmente inutilizado. Não tinha mãos nem pés capazes, muito menos capacidade de falar claramente. Uma mente sã em um corpo todo estropiado. Maldita doença que não lhe atingiu o raciocínio nem os sentidos. Estúpida distribuição de desgraças. Podia ele ser tudo isso, mas se ao menos seu rosto fosse em condições e sua língua não fosse presa... Que tivesse mesmo a língua presa, mas que não babasse! E se tudo isso fosse assim, mas suas mãos tivessem destreza... Mas não. Ele era um homem lúcido, inteligente e culto, mas não podia nem ser entregador, datilógrafo, telefonista. Lelé é a maior tragédia que já encontrei pela frente. Um indivíduo que não pode fazer nada, absolutamente nada; um indivíduo que tem um altíssimo nível intelectual, mas que nem escrever podia. Era um homem capaz somente de receber. Não tinha nenhum meio de dar. Não podia fazer nem mesmo gentilezas. Pobre Lelé!

A pensão de dona Cecília

A historia de dona Cecília não começa com o sr. Arduíno, tampouco com Lelé; começa somente quando ela se transforma na dona da família. Inicia-se o primeiro capitulo da vida pública de dona Cecília quando ela já calou a boca de todos e tornou-se a heroína silenciosa.

Tão moça e tão valente.

Aguenta tudo sem dizer nada.

Dá tudo do bom e do melhor para os filhos.

Trabalha de sol a sol.

Quando ela percebeu que esses epítetos estavam na boca do mundo para lhe ser colados à fronte, sentiu-se viver. E foi a partir desse dia que começou a permitir a ação da memória. E assim nós, que fomos conhecê-la nos adiantados 60, só sabemos que ela já tinha tido uma pensão.

A pensão era dela; ficava no centro da cidade, em meados dos anos 1930. Era a grande casa amarela com jardim na frente e muitos quartos. As coisas mais curiosas eram contadas sobre os moradores da pensão. Havia um juiz de direito vindo de outro estado; professoras; mulheres sustentadas por coronéis do interior... Todos esses e mais alguns inquilinos temporários sentavam-se às mesas cobertas de adamascados brancos em que bules, travessas e pratos davam assunto para os moradores. Alguns reclamavam de tudo; outros sofriam em silêncio. Vez ou outra surgia uma tragédia passional para animar toda a pensão. Os fregueses constantes sabiam de tudo e acompanhavam o dia a dia da dona e do resto dos moradores. A comida era sempre a mesma, e já se sabia do que cada um ia reclamar. Pensionista que reclamava muito dona Cecília dava um jeito para se mudar. Sem escândalo.

Desse tempo não lhe sobraram amigos. Nenhum morador ligou-se à família. A crônica dessa época refere-se ainda aos empregados da pensão. Alguns ficaram muitos anos, outros se revezavam com frequência. Dona Cecília andava de baixo para cima com suas chaves providenciando tudo. Provavelmente começou a costurar remendando roupa de cama e de mesa em sua máquina de costura. Trabalho que, aliás, ela faz com rara habilidade até hoje.

Os sonhos de dona Cecília

Dona Cecília, coitada, quereria dinheiro? Quereria enriquecer? Acho que não. Mas creio que foi na sua ânsia de se autoafirmar que aniquilou o marido. Este a faria com certeza uma digna proletária esposa de operário qualificado nos subúrbios de grande capital. Mas longe dela tal ideia! Pôs as filhas no mais distinto colégio de freiras da capital. Tudo do bom e do melhor. E a mais nova entrava e saía do palácio do governador. Era amiga da filha do governador. E dona Cecília viu coroados de êxito seus esforços na pensão. Boa escola, bom ambiente. Pobre senhora do interior que não queria saber do mal que fazia!

Olhando-a no fim da vida, amargurada e diligente, não se pode jamais imaginá-la a sonhar com a felicidade dos filhos. Escolheu a escola de freiras finas para que as filhas fossem finas e isso se refletisse nela? Isso é complicado e abstrato demais para se encaixar na cachola de dona Cecília. Ela nunca teve tempo para um pensamento tão longo. Pôs as filhas em bom colégio para melhor desempenhar o papel de mártir. E foi um processo automático. Colocou as filhas em meio à fina flor da aristocracia rural brasileira para que pudesse ser mais heroica. Nessa decisão não coube sonho de grandeza que ela não tivesse tempo de formular. Não sonhou apenas com palácios onde as filhas milionárias a colocariam em pedestal. Deus me livre se fizessem isso a ela. Seria o fim de sua vida. Ela pôs as meninas na escola fina e cara sem pensar em futuro, sem pensar nas meninas, sem pensar em casamentos ou salões de festas. Ela o fez para melhor usufruir o dia presente. Complementou o seu hoje heroico na despensa cheia da pensão, e então era mais e mais digna de toda consideração e consternação popular. Mas tudo que ela não pensou aconteceu à custa da felicidade das meninas. E quanto mais infelizes, fracassadas e frustradas, mais ela surge como baluarte da força. Aquela que põe o dinheiro em casa. Ela abre sua bolsa de couro preto e dá dinheiro para pagar o sapateiro. E eis que ela se realiza.

A menina Cecília

Quando menina, na cidadezinha ensolarada do interior, em uma casa simples de janelas e portas sempre abertas para o sol e para os amigos, dona Cecília, então Cecilinha – a loirinha graciosa de olhos azuis –, elaborou um sonho de vida. Queria ser mãe abnegada, silenciosa e sempre útil. Uma formiga no lar. Algumas mulheres almejam ser fadas sem ter para isso o menor talento. Cecilinha nunca quis ser fada: sempre sonhou com a diligência das formiguinhas. E, forte e resistente, condicionou toda sua vida para desempenhar o papel escolhido. E ei-la agora, em sua máquina de costura, útil. De menina, sempre se oferecia para lavar louça, e a mãe gabava seu jeito e talento. Corria para ajudar e depois ficava pasmada esperando os elogios. Era ótimo ter uma menina tão prestativa! Ela ficou sendo prestativa. Escolheu essa função social. Cecilinha, dona Cecília, a mãe: sempre útil. E se perdesse a importância de ser útil ficaria perdida no mundo. É preciso ser útil, e ela tudo fazia para abrir brechas pelas quais encontrava sua utilidade.

E assim ela vivia e pagava seus pecados. Eram pecados difíceis de ser contabilizados. Foi moça séria e comportada. Nunca deu trabalho em casa. Sabia bem seu lugar e conhecia todas as convenções. Conheceu Arduíno, noivou como mandava o figurino. Bordou, costurou e preparou-se dignamente para a data máxima da vida da mulher. Alguma coisa não funcionou, mas isso nunca saberemos. São coisas em que não pensa uma mulher às direitas. Responsável, tinha de suprir o lar que Arduíno não lhe podia dar. Começou ajudando para depois deixá-lo ajudar. E foi aí que surgiu a pensão. Em pensão homem não manda, só ajuda. No ramo da hotelaria, homem só tem vez quando se trata de hotel grande. Pensão é atividade de mulher. E Arduíno ficou lá, posto. Enquanto a pensão ia indo, ela se aperfeiçoou em costura e bordado à máquina. Duas filhas sadias e um filho deficiente foram seu saldo. Quando se diz que as filhas eram sadias não se está falando do psíquico; elas eram perfeitinhas de corpo, o que não era o caso do Lelé.

Os pecados de dona Cecília

Ela não cometia pecados capitais. Sua ação era sempre digna de toda consideração. Tudo como manda a moral e a compostura. Mas isso só para o mundo ver! Ela tinha seus pecados particulares que não eram de se contar para padre. Não era pecado de mau pensamento ou de má conduta. Era pecado de falta de amor, talvez. Era pecado por omissão e desinteresse. A igreja não consegue captar o erro ou o bem que deixou de ser cometido. Não dar de beber a quem tem sede é pecado que ela não cometeu. Seu pecado foi dar tudo que o marido não podia dar. E o que dava era posto como a única coisa válida do mundo. Nunca em palavras, símbolos que ela sempre desprezou. Ela simplesmente dava dinheiro, escola, roupas, cinema e livros como se não se pudesse viver de outra forma.

Colocou o padrão que oferecia como o único viável. E, amando, ficou sendo inútil. Esse pecado não é contabilizado pelo padre confessor. Não é nem pecado por intenção. O catecismo e os livros de exame de consciência não consideram os pecados por zelo, as destruições de personalidade por processos inconscientes. E dona Cecília, sem jamais ter ouvido falar em Freud, tinha remorsos. E por ter remorsos dava ainda mais, pensava ainda menos e desempenhava cada vez mais ardentemente o papel de mártir que assumira. Assim cegava os outros com seus pecados pessoais — incontáveis, inexistentes. Ela sentia uma ânsia de fugir, de não saber. E a saúva trabalhava, enquanto seu brasilzinho particular afundava na beirada de sua proteção infinita.

Não se poderia dizer que ela era hipócrita. Era bem-educada, conhecia as convenções. Valorizava o dinheiro e sabia fazê-lo render. Dinheiro não podia faltar. Era sua obrigação tê-lo à disposição para trazer as coisas que ela achava necessárias. Era ela quem estabelecia o que era necessário, e o necessário estava na medida do que podia dar. Ela não chorava miséria, não se queixava. Para dizer a verdade, em plena inflação do Juscelino, ela nem se queixava. O fundamental era ter o poder de estabelecer o que era o necessário. Mas o rigor de dona Cecília não era de regime de campo de concentração. O fundamental para a sobrevivência estava lá, à vontade. Se faltasse o básico, ela estaria falhando, e aí lá se iria o seu papel. O fundamental não faltava, mas no resto ela manobrava. Na roupa de Lelé, no dinheiro de bolso do sr. Arduíno, na compra de um aparelho eletrodoméstico, em uma ida para o interior. Essas coisas era ela quem estabelecia. E nunca ninguém pedia nada, pois ela não prestava contas do dinheiro, nem permitia qualquer interferência. Dava sempre a impressão – repito, sem dizer uma palavra – de que o dinheiro não vinha fácil. Era uma artista nata.

Às vezes, no meio de uma conversa sobre situação política, dona Cecília opinava sobre quanto a indústria de roupa feita dificultava a vida das costureiras. Em outras, dizia que o aumento dos salários estava chegando, pois as freguesas estavam esperando por dinheiro. Dizia somente essas coisinhas que eram suficientes para todos tomarem indireta consciência de que a vida não era fácil. Nos sábados e domingos ela trabalhava tanto quanto durante a semana. Nem novelas ela ouvia. Devia crer em Deus, mas não ia à igreja nem fazia questão de santos ou promessas. Religião era coisa bem afastada das preocupações de dona Cecília, que não pedia ajuda terrena nem extraterrena. Nesse ponto, era um pouco homem. Como homem da casa, ela tinha adquirido alguns traços masculinos. Nunca a vi beijando ninguém por ternura. Nas horas convencionais, sempre dava os beijinhos de praxe. Quando eu viajava, quando eu voltava, sentia certa euforia em seu rosto, mas bem dosada, bem colocada, correta. Sabia mandar lembranças e perguntar pelos parentes. Gostava de ouvir histórias sobre o mundo de fora e era uma excelente ouvinte. Também sabia contar algumas coisas com certa graça. Às vezes, depois do almoço ou do jantar, ela se reunia com a família – ociosa – e ouvia os comentários banais. O assunto do qual participava era sempre política! Ela também conhecia governadores e senadores pais de amigas de sua filha mais moça. Tinha algumas opiniões formadas. Era getulista – aliás, getulista fervorosa! Não era moralista, pois não enveredava por assuntos sobre moral. Tinha lá os seus preconceitos e posições firmadas. Só falava de coisas vagas e nunca se comprometia, a não ser em política. Não era maledicente nem fazia fuxicos. Interessava-se pela vida dos outros, mas de um modo normal; não chegava a ser doentio.

Parecia uma pessoa realizada, em paz consigo mesma. Andando pela casa com seu passinho curto e rápido, trabalhando veloz na máquina, falando compassada e discretamente, ela não traía a imagem que se tinha proposto a viver. Era uma formiguinha diligente que não pedia nada a ninguém e cumpria seu calvário com um sorriso nos lábios. Ela foi de rara habilidade: destruiu com instrumentos de construção, e por isso seus pecados não podem ser contabilizados. Pecou piamente. Cristãmente.

Hoje ela ainda costura, mas tem ajudantes. Pouca conversa, muito movimento de agulhas. Dona Cecília descobriu um jeito de fazer bordados prateados à máquina, e isso a ajuda a manter seu dia a dia. Não é boa costureira porque não entendeu a importância do acabamento. Como modista, é algo juscelinista: boa apresentação sem bom acabamento. A freguesia não cresceu muito, mas os bordados a mantiveram, pois nesse campo não teve concorrência direta. Sempre ligeirinha, realizou seu sonho de infância: uma saúva com jeito de formiga. Respeitada.

O Clube da Lanterna, as repartições e os bares

Era o tempo do Clube da Lanterna, do qual ninguém fala, mas todos sabem o que é. Apesar de ter sido esquecido, o Clube existiu, e gerava manchete em jornal e frio na barriga de seus inimigos. O Clube da Lanterna constituía uma base eleitoral de Carlos Lacerda. Enquanto viveu, Lacerda produziu maremotos ininterruptos. Já era um paladino anticomunista quando a esquerda era somente uma quase certeza. Na verdade, o Clube da Lanterna era uma fraternidade antimudança. Não era um saudosismo. O lacerdismo era uma defesa do "agora" que devia ser eterno. Dizer que o movimento lacerdista foi estéril só porque foi vencido diz pouco de sua complexidade.

Eram as mulheres que davam o tom ao movimento lacerdista. Uma boa parcela das mulheres da burguesia carioca tinha em Carlos Lacerda o seu líder. Foi nessa época que elas assumiram a própria voz e passaram a ter o desejo de se expressar. O sentimento de cidadania entrou pelas portas das casas contaminando aquelas que se chamavam "do lar". E elas começaram a sair do ambiente doméstico. Estreitaram na vida pública. Saíam de casa para visitar Carlos Lacerda na sede da *Tribuna da Imprensa*, lá na rua do Lavradio, onde chegavam fantasiadas de si próprias: luva, sapato e bolsa, tudo combinando; cinturas na própria cintura; gola no pescoço mesmo; o comprimento das saias abaixo dos joelhos. Sem exageros! A relação delas com Carlos Lacerda sempre foi mais do que mera tietagem. Não era adoração nem submissão: era uma relação horizontal, entre pares, entre colegas. Uma fraternidade. Não era só na *Tribuna da Imprensa* que as mulheres iam dar seu recado e cobrar lealdade às suas ideias. Criavam comitês; faziam reuniões; escreviam cartas. Difundiam suas indignações.

Eu tinha, na época, a impressão de que Carlos Lacerda não era apenas um representante político. Elas o queriam à imagem e semelhança de suas ideias, como alto-falante de si próprias. Era como "voz" que elas o queriam. Muitas vezes eu as vi passar pela redação onde eu trabalhava a caminho do escritório de Lacerda. Elas

FRAGMENTOS DE UMA VIDA

não olhavam sequer de lado. Não parecia timidez ou arrogância, mas uma espécie de pudor que se tem quando se é obrigado a atravessar a casa do outro. A redação, com todo mundo trabalhando, era um espaço público, de trabalho, estranho a elas.

Carlos Lacerda as recebia como se recebe gente da família: sem formalismo, mas com compostura.

Não é comum ouvir ressoar fora de casa a voz das mulheres "do lar". Não que elas não tenham o que dizer ou que não o digam. É que seu auditório habitual é outro, formado pelo estreito círculo das relações possíveis somente no face a face. Família, amigos, vizinhos, fornecedores etc. Na década de 1950, e talvez até hoje, a mulher, tomada como gênero ou paradigma, ainda se expressa mais comumente face a face. Não que não existissem, entre as mulheres do Clube da Lanterna, aquelas que trabalhassem fora, que tivessem uma vida pública mais ativa. Mas não era isso que as caracterizava.

O movimento do Clube da Lanterna deu voz a quem, de preferência, sussurrava. Essa voz breve se apagou quando, em 1964, os homens assumiram em massa o discurso que, até então, era fortemente característico das mulheres.

E o Verbo, então, fez-se Ato.

*

A década de 1950 foi o tempo do Clube da Lanterna. Foi o tempo de Lacerda, de Eduardo Gomes, de Amaral Neto. Confrontavam-se as ideologias tanto de esquerda quanto de direita. De um lado, militares conchavavam; mulheres faziam-se ouvir e a oratória de Carlos Lacerda ameaçava. De outro, comunistas, socialistas, trotskistas, democratas-cristãos discutiam e desconfiavam uns dos outros. Ceticismo e objetividade não tinham lugar.

Enquanto isso, começava o desmonte do morro de Santo Antônio. A época do Clube da Lanterna foi antes do Aterro, quando os bondes vinham do Posto Seis pela Nossa Senhora de Copacabana, por Botafogo, Flamengo e Glória até a Cinelândia. Os trens da Central, da Leopoldina, eram temas de queixas e sambas. As famosas lotações, que eram pequenas jardineiras, cortavam e costuravam entre bondes e ônibus no afã de chegar depressa e manter sua aura de perigosas. Nem tudo era pacífico. Dirigir ou andar no Rio já era visto como perigoso, embora a indústria automobilística fosse ainda incipiente.

O Rio era a capital da República, e o nome genérico donde todos os funcionários públicos trabalhavam era repartição. Existia um linguajar muito democrático. Contínuo ou presidente, chefe ou bedel, todos saíam de casa para ir à repartição trabalhar. Quem trabalhava não tinha emprego: ia à repartição.

Não era desdouro ter emprego em repartição nem mesmo para moças e mulheres. Desdouro era ter patrão. E havia algumas nuanças complicadas de expressar. Por exemplo: Lacerda era patrão, Samuel Wainer era patrão. E Roberto Marinho, e Assis Chateaubriand? Eram patrões, mas menos patrões que Lacerda e Wainer. Patrão mesmo era o dono da Cavalcante Junqueira Construtora ou o dono de uma loja. Os donos do meio de comunicação, os donos de banco não se encaixavam no perfil do patrão, pois não eram indesejáveis. Talvez os capitães dos meios de comunicação, dos bancos e das empresas de aviação não fossem vistos como empresários pela íntima relação que tinham com o poder político, o poder do Estado. Trabalhar para esses quase políticos – ou empresários impregnados pelo poder político – não era algo negativo. Era quase como trabalhar numa repartição. E as pessoas que trabalhavam nas tais repartições, ou nessas semiempresas, consideravam-se felizes e repetiam sempre que nunca tinham tido patrão. Tinham, isso sim, chefes, diretores ou presidentes. Assim o orgulho do homem branco e livre mantinha-se, pois ele continuava apto a dizer que não era empregado de ninguém.

Hoje, quando tanto se discute sobre a ética dos funcionários públicos e seus privilégios, é bom lembrar que eles não se veem como empregados – e esse é um ponto essencial na organização do sentimento de cidadania dessa terceira ou quarta geração de homens livres. Afinal, a escravidão só terminou há 60 anos. E o resto sobre esses homens livres, que se procure no livro da Maria Sylvia de Carvalho Franco! Se não ter patrão é a condição necessária para ter a cabeça erguida; se não houver outro jeito a não ser trabalhar em empresa particular, que esta seja, pelo menos, estrangeira! O Brasil formava engenheiros navais. Mas a Ishikawajima era quem construía navio no Brasil, e era lá que o engenheiro naval encontrava emprego. Aí podia ter patrão, pois o patrão era estrangeiro! Essa história de que sotaque estrangeiro faz que um patrão seja menos patrão vem de longe, do tempo da construção das estradas de ferro e das companhias de luz e energia.

Lembro-me dos irmãos Eliachar. Um deles, o Leon, era humorista e trabalhava na *Manchete*; o outro, engenheiro naval e funcionário da Ishikawajima. Eles não se sentiam mal por causa disso. Funcionavam na área da exceção. Eu ouvi inúmeras vezes: ela é secretária de um americano da Swift, ou de um alemão da Bayer.

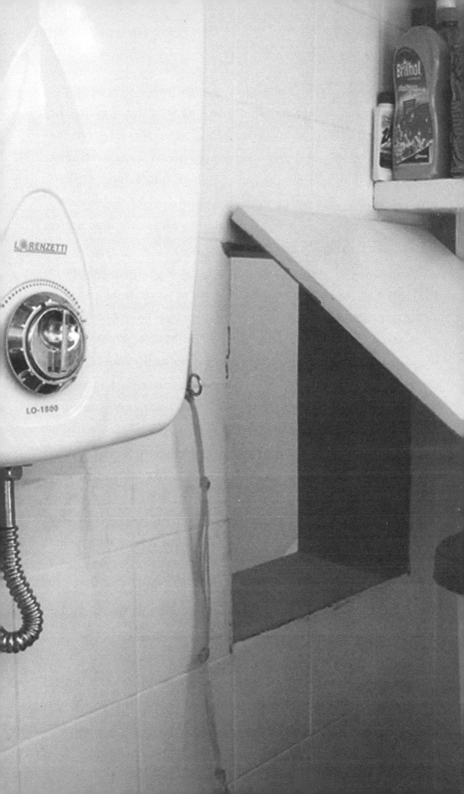

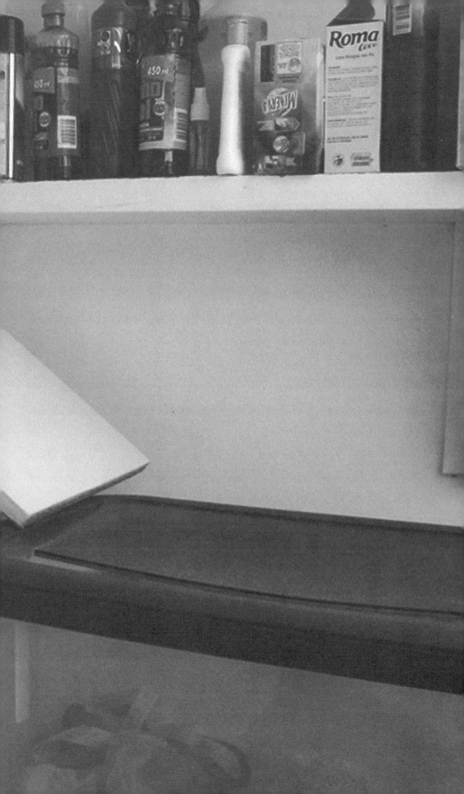

Mais tarde, a indústria automobilística era também um lugar digno. Mas aí já era década de 1960. Nos anos 1950, todos nós ainda nos apiedávamos de quem tinha patrão.

*

No fim da tarde, quando se saía da repartição, ninguém queria ir direto para casa. Por um lado, para evitar fila e trânsito; por outro, retardava-se voltar para o seu bairro. Era o momento de se dividirem os grupos: a primeira grande divisão era entre os que iam direto para casa e os que ficavam pelos bares. Nesse momento começavam a aparecer as diferenças. Para ficar na cidade esperando a fila da condução diminuir, era preciso ter uns trocados para ir ao bar. Entre os que ficavam, os menos abonados da repartição iam para o bar de ficar em pé, onde se consumia menos; já os mais abastados iam para os barzinhos com mesas. Existia uma lealdade entre grupos e bares. Cada um ia sempre ao mesmo lugar encontrar as mesmas pessoas por anos e anos a fio. Entre a praça Mauá e o Senado, englobando o Largo do Carioca, a Lapa e o Castelo, a população das repartições se distribuía entre as calçadas e os verdadeiros esconderijos que eram as mesinhas de fundo de bar. Todos os trabalhadores de esquerda tinham de assinar ponto no Vermelhinho – ali em frente à ABI –, pelo menos de vez em quando. Todo mundo? Todo o meu mundo. As chefias podiam ir para o Vilarinho ou outras uisquerias ali pelo Castelo e pela Cinelândia. Depois de escurecer, ia-se devagar para casa. Uns iam para a zona norte, outros, para a zona sul.

Para ocasiões especiais existiam bares de hotel, como o do Serrador. Impossível esquecer as toalhas adamascadas brancas, muito brancas, engomadas, dos restaurantes da Lapa e da Cinelândia. Ali se almoçava, mas não todo dia. Só os ricos frequentavam os restaurantes de hotel. Fazendeiros, deputados, senadores, presidentes de autarquia. Mas o bom mesmo eram os restaurantes simples, dos garçons velhos, da comida tradicional; os restaurantes de tempero sempre igual. Nada de hadoque, nada de caviar, nada de patê, nada de comida com nome estrangeiro! De importado, só o azeite, a azeitona e o bacalhau. Não era nacionalismo, era estabilidade, tradição, conforto e aconchego. O petisco era o bolinho de camarão, não o canapé de patê. Não era rejeição ao estrangeiro, mas o prazer e o aconchego das receitas conhecidas.

A avenida Atlântica e o quarto das meninas

Nessa família as pessoas não se associam umas com as outras. E, por mais que me esforce, não consigo ver o momento em que aconteceu alguma coisa. Um dia essa família mudou de casa serra abaixo. E creio que a mudança de meio não afetou a dinâmica do cotidiano. As moças ganharam uma distração: a praia. O dono da casa amarela geminada conseguiu sair de seu impasse. Vendeu-a. A família defrontou-se com um problema: tinha de mudar dali. A casa – ou apartamento – teria de ser grande para caber toda a família e os agregados, entre os quais eu me conto. Não sei por que imaginaram que eu tinha de seguir com eles, mas assim se fez. Dona Cecília encontrou o lugar. Um apartamento em plena avenida Atlântica. Um prédio de luxo em que os móveis díspares e velhos encontraram nova morada. Não se sentiu a mudança. Agora quase não se faltava água e as privadas não entupiam. Para ir à praia, bastava atravessar a rua.

A vista ficou mais pobre. Nós ganhamos um pedaço de concreto imaginário no exterior do rico edifício. Morar em uma casa em Copacabana – a Casa Amarela – era como ver o mundo pelos olhos de um anão. Para não se sentir só, é preciso olhar para cima. É assim que se sentem as crianças no meio da multidão. É ver o abaixo do mundo. O céu não forma horizonte, é ora uma tira estreita, ora um conjunto de estranhos polígonos entre prédios. É uma sensação de estar espremido, pequeno, impotente. Nos blocos de concreto que rodeavam a casa, um mundo de janelas dava uma pequena amostra da vida que se via de lá de dentro. Num quadrado de cimento armado em meio a outros quadrados, todos imaginários, moram pessoas certas de que seu mundo é o mundo. No entanto, o quadrado que lhes é reservado é igual a todos os outros. Em todos os quadrados vivem pessoas que se alegram e choram. Mas o cimento, em geral branco (os prédios são quase sempre novos), não permite imaginar nada. Às vezes a gente vê uma silhueta; muitas vezes, roupa pendurada na janela. A distância as roupas e as silhuetas são iguais. Passam por corredores iguais, atravessam portas iguais e entram em casas, em lares diferentes. A força do concreto igualador não consegue nivelar a força e a alegria. Mas, apesar disso tudo, ainda não parece que estamos em casa de gente. E assim eu olhava da minha janela, lá da Casa Amarela, através das árvores feias que a lambiam. Via o mundo somente quando olhava para cima. Embaixo eram os baixos do mundo. Entradas de prédio. Vidro, pastilhas, plantas ornamentais; zeladores sentados nas portas; gente entrando e saindo de seus oásis de individualidade abaixo do horizonte. A casa geminada estava lá embaixo.

Quando fomos para a avenida Atlântica, passamos a adultos. Deixamos de ver o mundo como anões. A oficina mudou de sala e ganhou mais luz. Não havia mais baratas e, por sorte, a música noturna continuou. Logo ao lado existia um "inferninho" que animava nossas noites. Perdemos o banco do jardim onde namorávamos quando tínhamos com quem namorar. A entrada do prédio era suntuosa. Mármores polidos, espelhos, e até uma linda passadeira bordô. De repente, um dia estávamos instalados no rico apartamento. Foi uma mudança sem emoções. As costuras não se atrasaram; os bordados continuaram e nós, no meio dos mesmos móveis, só mudamos de ponto de ônibus.

Maria, a empregada

Os velhos móveis encontraram seu lugar no novo lar e tudo continuou funcionando como sempre. Não tínhamos nossa árvore. Mas quem a amava? Os vasos de plantas foram transplantados, mas não morreram. O meu quarto era de fundo. Uma moça do Norte aparentada com um colega veio morar comigo de supetão. Tinha de morar com alguém. Ganhei uma irmã de marginalidade dentro da família. Num quarto, sr. Arduíno e Lelé. Noutro, Lina e Cilene. No terceiro, dona Cecília e Sauzita. No último, Pilar e eu. No quarto de empregada morava Maria.

Maria era a única empregada que nos aguentava a todos. Louca varrida, gozada e reclamona, ficou anos conosco. Acho que só em uma casa assim ela conseguiria permanecer mais de dois dias. Tinha um barraco no morro e falava muito sobre ele. Chegava atrasada com frequência, mas sempre vinha. Era um pouco dona da casa. Dona Cecília precisava dela e a deixava reclamar como se sua voz estridente fosse nada além de uma música inconsequente. Quando Maria, um dia, se amolou com qualquer coisa – que certamente acontecia todo dia, mas naquele a perturbou demais –, foi o caos. Mas a família não se deu por achada. Pensão encontra sempre certa categoria de empregada que só se ajusta à bagunça. Maria voltou, e voltou muitas vezes. Se nós precisávamos dela, ela precisava muito mais de nós. Ela precisava poder responder. Era o tipo de empregada que não sabia o seu lugar. E, como em casa ninguém tinha lugar, todos faziam seu lugar. Ela também se ajeitou com alguns conflitos iniciais. É que ela podia sair. Tinha seu barraco. Nós não tínhamos cama em outra parte. Por essas e por outras, ficávamos.

"Não aguento mais essa casa. Dona Cecília enche a gente!" E lá ia ela resmungando o dia inteiro. Falava sozinha mesmo. E ninguém lhe dava a menor trela. Às vezes, a reclamação dela fazia eco, porque alguma de nós também estava cheia de alguma coisa. Então se estabelecia um diálogo. Diálogo sempre sem consequência pois não se fazia fuxico naquela casa. Nem ao menos havia grupinhos. Existiam, sim, certas afinidades. Cada quarto tinha a sua solidariedade – menos o de dona Cecília, onde Sauzita não engrenava prosa/amizade de jeito nenhum. Era uma menina revoltada. Não consigo me lembrar de um incidente sequer que pudesse ter marcado a casa. Um incidente modifica o tempo, e naquela casa o tempo tinha parado.

A casa em que o tempo
não passava

Isto não é literatura barata: dona Cecília não tem idade; chegou ao ponto em que só passará daqui para o túmulo. O sr. Arduíno não tinha o que envelhecer; murchou quando perdeu função na vida.

Lina já passara da idade de fazer anos; era uma moça sem tempo definido. Cilene também não mudava. Lelé não podia mais se desenvolver; o tempo passando não podia mudar mais nada em sua vida. Só Sauzita crescia, e vê-la mudar era um acidente inadmissível. Inadmissível, porém inevitável. Sauzita virava mocinha. Mas ninguém lhe dava atenção suficiente para marcar o tempo da casa. Se Lina casasse, se Cilene casasse, se eu mudasse, se Pilar casasse, se Lelé sarasse, se o sr. Arduíno trabalhasse... Era só isso que poderia acontecer, mas se tratava de perspectivas impossíveis. Uma só coisa – que ninguém encarava – acenava mudança: se dona Cecília morresse, tudo mudaria. Mas ela tinha força para mais duas vidas, e não podia morrer sendo o esteio das neuroses de todos nós. Seria o caos total. Nós todos nos debateríamos com o desconhecido.

Nina seria imediatamente uma solteirona. Não tinha dinheiro para morar sozinha e teria de se agregar à irmã bem-casada. Lelé seria um desprotegido. Sr. Arduíno ficaria caduco confesso. Cilene seria aeromoça sem lar, uma moça perdida pelo conceito geral. Eu teria de morar sozinha, o que seria um absurdo, já que adorava a grande família que nunca tive e era tão conveniente. Além de todas essas razões, dona Cecília sabia que não podia morrer porque só ela tinha o poder de manter o tempo parado para todos nós. Qualquer movimento seria trágico, pois colocaria em xeque o poder de nosso esteio neurótico. E todos nós procurávamos colaborar com esse plano: nós não mudávamos nada. Deixávamos tudo parado, como convinha a dona Cecília. Nós a poupávamos de qualquer preocupação, e preocupação mesmo seria tirar-lhe o poder de decisão. Mas quem queria esse poder? Livre-nos os céus desse encargo!

A casa do tempo parado estava e continua lá. Um dia festejaram uma data. O 50º aniversário de casamento de dona Cecília e sr. Arduíno. Houve missa. Era comemorar o esteio vivo. Valia a pena comemorar. Bater palmas para toda aquela vida parada. Vivas à estagnação: foi esse o sentido das cerimônias. Não me lembro de aniversários sendo comemorados. Beijos havia! Havia um abraço balofo de dona Cecília e um do sr. Arduíno, que se manifestava nesses momentos para logo sumir.

Quando o sol estava a pino e da cozinha vinha um cheiro gostoso de comida feita com toucinho de porco, a gente ouvia a voz de dona Cecília chamando para o almoço: "Ô, gente, vamos para a mesa! Vamos para a mesa! A comida está na mesa!" Ia chamando sem gritar, passando pelo corredor e dizendo essas frases diante de cada um dos quartos. E lá se ia ela com seu indefectível chinelo que nunca acabou, e nunca foi novo, direto para a mesa já posta.

A família e a liberdade

Sem nunca dizermos uma única palavra, todos nós estávamos preparados para que algo acontecesse. Eu mesma frequentemente sonhava em sair daquela casa. Ganhava o bastante para alugar um apartamento só para mim. Mas essa ideia me apavorava e eu sempre a punha de lado.

Sabe, Vera, eu estou ganhando o suficiente para morar sozinha, mas tenho outros planos. Quero juntar dinheiro para viajar... Quero correr o mundo... Não tenho mania de grandeza. Para que preciso eu de uma casa só para mim?

Era uma atitude tão sensata e tão digna que todos se gabavam do meu juízo. Mas não era nada disso! É que na casa de dona

Cecília eu só estava sozinha quando queria. E aquele mundinho estava lá para apoiar, conversar, sem pesar em nada em minhas decisões. Essa "presença ausente" era uma coisa da qual eu não podia prescindir. Morar com aquela família me permitia ser mulher livre sem sentir os encargos emocionais da liberdade. Era, de fato, uma liberdade cômoda. Quando queria dormir fora, quando queria chegar a horas absurdas, quando queria ficar em casa, quando queria comer, sempre tinha alguém por lá. A casa nunca estava vazia. Eu precisava terrivelmente daquela gente para dar contorno à minha vida. Foi um vício que adquiri então. Assim vivi uma vida de lados róseos e espinhos, mas sem os espinhos, e isso é possível. Estivesse na redação, estivesse nos salões, só quando queria eu tinha família. E ela tinha tanto jeito de família que ninguém lhe negava a autenticidade.

Às vezes, um rapaz vinha me buscar em casa.

— Dona Cecília, hoje vem um rapaz me buscar. É um cara do Itamarati. A senhora poderia fazer uma salinha para ele?

E ela gostava muito da situação! Ia toda lampeira depois da janta para uma poltrona da sala. E, quando ele chegava, ela fazia tudo *comme il faut*. Nunca me perguntou onde dormi uma noite. Eu mesma lhe contava uma mentira qualquer que ela aceitava ou fingia aceitar. Mas eu lhe dava satisfação, embora nada me obrigasse a isso, nem ela reclamaria se eu não fizesse assim. Era um acordo legítimo que existia entre nós. Jamais teria tido coragem de dizer a ela claramente para fazer encenação, e nem ela confessaria compreender a encenação, fosse ela qual fosse.

Os devaneios do quarto das meninas

Eu, pessoalmente, tinha uma grande afinidade com o quarto de Lina e de Cilene. Nós sabíamos muita coisa uma da outra. Lamentávamos juntas horas a fio e contávamos nossas fantasias vestidas de verdade. E eu, que não tinha nascido naquela casa nem tinha sido educada naquele meio, aceitei as regras do jogo com a maior naturalidade. A premissa básica era nunca duvidar do que o outro dizia. E nós vivíamos em um mundo de ilusões, esquecendo até mesmo o que era ilusão.

— Hoje o Pedro foi até a minha sala e me deu esse livro de presente. Não pôde me trazer para casa porque as meninas dele tinham uma festa de aniversário e precisou buscá-las.

Se a história era verdade, nunca se viria a saber. Entre nós, o acordo era ora dizer a verdade, ora dizer o que se desejava que fosse a verdade. Todas nós precisávamos manter esse acordo nunca assinado.

As histórias de Lina eram sempre com Pedro, seu chefe. Homem casado – que se dizia malcasado – e que tinha duas filhas. Pedro era o homem que ela amava. Ele não podia largar a família com as filhas adolescentes. Ele não o faria; ela não sonhava que ele o fizesse. A vida a dois ficava para depois que elas se casassem. Ele era um homem terno, doce, amoroso. Ela não tinha Pedro por companheiro, mas possuía um eterno galã. E assim, como um eterno galã, nós víamos Pedro, pois era assim que Lina o apresentava.

Pedro era um personagem exclusivo a dois quartos da casa: o meu e o dela. Ninguém podia saber do Pedro e ninguém nunca veio a saber. Ninguém sabia dos meus casos também. Só no quarto de Lina é que se podia falar a respeito. E eu contava só o que convinha. Na medida do possível, nós só contávamos uma à outra as coisas boas que nos aconteciam. Só fantasias boas. Construíamos ali um quadro róseo da vida. Não havia aconselhamento nem apoio. O apoio era não perguntar, nunca duvidar, acordo cumprido à risca por todas. Pilar, diferentemente de todas nós, amava um rapaz solteiro que a pretendia ter por esposa, e por isso ela dizia a verdade e se preocupava com a veracidade das afirmações alheias. Pilar criticava, investigava; queria saber coisas. Quebrava o tácito acordo que nos mantinha em equilíbrio. Talvez por isso, coitada, Pilar vivia sendo aconselhada! Ela averiguava porque tinha direito, mas abusava do direito. É que Carlos não era um caso escuso. E ela se casou.

Se em algum lugar do mundo nós não pudéssemos ser felizes de faz de conta, morreríamos. Mesmo dona Cecília entrava no jogo do faz de conta. Também não enfrentava sua vida, não falava de suas dificuldades. Nunca ouvi ninguém se perguntar o que seria de Lelé se dona Cecília morresse. Pilar e eu às vezes nos perguntávamos; fazíamos conjecturas, quase sempre maldosas. Mas isso éramos nós, as marginais da família, as *outsiders*. Para nós era mais fácil. A moral do mundo não nos obrigava a ser sustentáculo de um aleijado pela vida afora. Aqueles para os quais Lelé ficava suspenso como a espada de Dâmocles não falavam, não lembravam. Dona Cecília teria vida eterna.

Todos queriam falar para se convencer de que a realidade de sua vida era aquela mesma. Todos falavam, contavam tudo como queriam que tivesse sido. Como se o som da própria voz fosse o selo que garantia a veracidade para si mesmo. Para ser verdade era preciso dizer. Uma obra de magia. Nessa necessidade de contar, sobrava pouco tempo para ouvir o que os outros diziam.

— Quando eu cheguei a Lisboa, o Diogo já estava lá. Então eu fiquei esperando ele telefonar para o quarto. Acho que não contaram a ele que eu tinha chegado, por isso o telefone não tocava. Cansei de esperar e liguei para ele. Já muito tarde. Foi bacana, ele ficou surpreso com a minha voz e disse que tínhamos de celebrar. Pois eu me vesti àquela hora mesmo. Fomos para um restaurante no bairro alto e ficamos ouvindo fado até a madrugada.

Nisso Lina interrompia:

— Pois ontem eu cheguei atrasada e o Pedro olhou feio, mas não pude dizer nada porque tinha uma porção de gente na sala dele. Mas, logo que saíram, ele fez uma cena dizendo que não era para deixá-lo preocupado; que ele não pode mostrar a preocupação; se eu não chego ele não sabe o que fazer...

E outra interrompia para contar outro caso que nada tinha que ver com aquele nem com nenhum outro caso relatado. E todo dia eu assistia às mesmas cenas. Nunca ninguém contava nada de novo. Não é que as coisas não acontecessem fora de casa; o diabo é que nunca aconteciam exatamente como desejávamos, e, portanto, sempre contávamos as mesmas coisas. Não importava qual fosse o desenrolar dos acontecimentos: contávamos somente o que se encaixava nos nossos sonhos, ou então mentíamos, ou então omitíamos. Era uma maravilha. Insubstituível aquela vida que levávamos! Eu só contava os meus sucessos. E, embora não tivesse raios X para ler pensamentos alheios, garanto que elas também só contavam o que sentiam como sucesso. Um pouco de verdade nós confessávamos, mas só o estritamente necessário para justificar nossa existência dentro daquela casa. Claro que se Diogo amasse Cilene ela estaria morando com ele e a conversa deixaria de fazer sentido; se Pedro não fosse casado, se não tivesse filhas mocinhas, Lina seria a digna esposa de um digno engenheiro alto funcionário da autarquia federal; se o homem da minha vida me amasse, se minhas funções profissionais me satisfizessem plenamente, eu não teria de selecionar o que ia contar, não teria de florear minhas histórias. Só mesmo Pilar tinha uma só vida, pois era a única que tinha a vida que queria: noivava o homem que amava, que era solteiro e tinha as intenções o mais sérias possível.

E o Sputnik subiu para o céu

Em 1957, eu morava no Rio e trabalhava como jornalista em dois jornais: na *Tribuna da Imprensa* e n'*O Jornal*, dos Diários Associados. Foi então que viajei para os Estados Unidos patrocinada por Assis Chateaubriand, que na época era meu patrão.

Eram outros os tempos da década de 50. Mesmo o rico não vivia tão ricamente como hoje. Nossa sofisticação deu um salto aos céus, levando consigo extensas camadas da população economicamente favorecida, na qual me incluo. Naquela época, tudo era muito mais simples e singelo. Eu trabalhava e estudava na Universidade do Brasil, onde tentei continuar o curso de Ciências Sociais que começara em São Paulo, na USP. Era jovem e começava a transgredir.

Trabalhava no "jardim de infância" do Galeão, onde era uma das responsáveis por conversar com os *VIPs* que ali aportavam. As companhias de aviação não nos pagavam para que colocássemos o nome delas nas notícias, mas brindavam-nos com passagens de tempos em tempos. Assim, volta e meia fazíamos viagens, participávamos de voos experimentais de novas aeronaves e só não ganhávamos mais brindes porque mal e mal éramos jovens, filhinhos de papai e idealistas.

Como eu dizia, em 1957, Assis Chateaubriand me convocou a ir ao seu escritório, que ficava no quarto andar dos Diários. Aquela convocação só podia ser coisa boa, pois coisa ruim ele deixava para os outros fazerem. Lá chegando, encontrei na antessala o Iraí, sombra servil do dr. Assis. Um faz-tudo que eu gostaria de ter hoje em dia. Iraí era o cara que se encarregava, na medida do possível, de preservar Chateaubriand de tudo que fosse desagradável. Ele me deu uma piscada maliciosa e logo vi que se tratava de coisa boa. Fez-me entrar. Dr. Assis andava de um lado para o outro.

— Ah, minha filha. Você vê o que Carminha me apronta. Agora ela quer ser recepcionista na Feira Brasileira em Nova Orleans. Você sabe, minha filha, ela é minha responsabilidade aqui. Ninguém liga pra Carminha. Só dona Judith e eu. Você vai junto.

E, pondo a mão no bolso, tirou um monte de dólares. Separou 500 e me estendeu.

— A rainha Elizabeth vai para Nova York. Você aproveita e faz a cobertura para o jornal. Mas de olho na Carminha! A passagem e o resto o Iraí resolve.

Não era a primeira vez que dr. Assis me chamava. Ele me disse, certa vez, que eu lhe parecia uma moça direita e ele não entendia o que eu estava fazendo no Rio, mas que aquilo não era da sua conta. Meses antes ele já tinha me pedido que ficasse ao lado de Carminha, sua sobrinha-neta por parte de seu irmão Oswaldo, procurador da República aposentado que na ocasião dirigia os

Diários Associados de Minas Gerais. Carminha sempre vivera com a avó, a tal de dona Judith, mulher de Oswaldo. O casal nunca se desquitou, mas tampouco vivia junto. Judith tinha sido vizinha da família de dr. Assis lá na Paraíba. Oswaldo casou com Judith e tiveram dois filhos. Um deles – o Fred – "fez mal" a uma vizinha aos 18 anos, mas não fugiu. Casou-se com Alexis, filha de uma francesa. Carminha nasceu. Dois meses depois, o casal se separou e dona Judith herdou a neta. E dr. Assis e Oswaldo nunca deixaram faltar nada às duas. Mas o que fazer com Carminha, que agora já tinha 20 anos? Dr. Assis não entendia nada, mas queria protegê-la. Portanto, nada melhor do que uma Anna Veronica – que, conforme ele dizia, parecia séria, dizia-se até que era virgem – para cuidar discretamente de Carmem Judi Chateaubriand Bandeira de Melo.

Foi assim que Carminha e Anna se tornaram muito amigas. Fui dar com os costados no cortejo da rainha Elizabeth II em sua visita aos Estados Unidos e fiquei cuidando da Carminha por mais uns seis meses. Só que Carminha não precisava de cuidados, pois ela amava de paixão um jornalista d'*O Cruzeiro*. E, embora ele fosse casado, ela era fiel ao seu amor. Não tinha o amor que amava, mas nunca olhou para nenhum outro. Por outro lado, aproveitamos muito indo a óperas, teatros, cinemas... e eis que chegou o mês de outubro! Já então a rainha tinha voltado para casa e eu me tornei uma espécie de credenciada das Nações Unidas. Como não tinha muito que fazer, ia todos os dias da rua 116 West até a ONU. E ficava por ali, sem fazer nada. A Carminha conseguiu um emprego na WRUL Voz da América para a América Latina. Assim, ela ia para o emprego dela e eu ia fazer nada na ONU. Não fosse eu tão ingênua, desinformada, deslumbrada, arrogante e sei lá mais o quê, teria

aprendido muito mais do que aprendi. Aliás, eu aprendi pouco e senti muito. Mandei muitas matérias para o Brasil. Hoje os nomes me fogem, mas lembro que tive um longo convívio com os representantes daquela que futuramente seria a Argélia livre. Escrevi sobre eles e sua luta pela emancipação. Não sei o quê, mas lembro de jantares que nos ofereceram e hoje sei quão importante era para eles ter suas pretensões veiculadas no Brasil, pois naquela época o mundo se fazia surdo aos argelinos em obediência à França. Mas não vou me alongar falando sobre todas as reportagens que fiz em Nova York. Para que tudo isso faça sentido, é preciso lembrar que vivíamos numa época de agudo macartismo. Os soviéticos e os representantes de países da chamada "cortina de ferro", em represália à falta de liberdade dos diplomatas ocidentais na União Soviética, não podiam sair da ilha de Manhattan. Não era bem-visto o contato com as pessoas dessas delegações. E logo mais veremos até que ponto isso era indesejável.

Um dia, eu estava numa sala de café do prédio das Nações Unidas quando correu como um raio a notícia de que subira aos céus o primeiro artefato humano colocado em órbita em volta da Terra... e ele era soviético! Nem mesmo os representantes da cortina de ferro previam aquilo! Um frio desabou sobre a sala. Os americanos viviam na ilusão de que os soviéticos tinham uma defasagem tecnológica em relação a eles e, portanto, aquilo não poderia ter acontecido. Mas acontecera, fora fotografado, e só o silêncio da surpresa podia ser percebido naquele momento. Esse silêncio ainda está na minha orelha. E me sinto muito feliz por ter participado desse evento! Nesse caso – diferentemente dos jantares com os argelinos –, eu entendi o que ocorrera. Internamente fiquei dividida, pois no Brasil eu militara em grupos de esquerda antissoviéticos. Mas era impossível, naquele momento, não ficar feliz pelo reequilíbrio entre Leste e Oeste instaurado graças ao Sputnik.

Os tempos eram outros. Existia fé no ar. Havia aqueles que acreditavam que o comunismo era o fim do mundo e também aqueles que acreditavam no comunismo. E nós – grupelho insignificante – sofríamos nossa solidão. Mas naquele instante só havia espaço para a alegria! Tratava-se de uma possível resposta a um discurso que vinha sendo propagado pelos jornais de então. Durante três semanas, o *New York Times* publicou diariamente várias matérias sobre o efeito negativo da expansão das *Liberal Arts* – as faculdades de humanidades. E vinham gritos de toda parte clamando por mais Matemática, por mais Física, por mais Ciências. E isso realmente foi obedecido nos anos que se seguiram. Durante alguns anos eu guardei esses exemplares históricos do jornal. Não sei em que mudança os perdi.

Como eu era uma garota rebelde, fazia questão de me dar com os moços da cortina de ferro. Ia aos coquetéis de romenos, húngaros, soviéticos... Tive um pequeno romance não com um todo-poderoso, mas com um jovem professor de História que era secretário particular de Gromiko – ninguém mais, ninguém menos que o Ministro das Relações Exteriores da União Soviética. Eu estava encantada! Sentia-me no centro do poder com meus 22 anos. Não era motivo para menos que deslumbramento: Gromiko me cumprimentava! Para encontrar o meu Dima querido fora do prédio da ONU, nós traçávamos um plano meio 007, que nem sequer existia nessa época. Ele saía por um elevador; eu saía por outro. Ele tomava um táxi para cima; eu tomava um táxi para baixo e, despistando o FBI ou imaginando que o estivéssemos despistando, íamos passear pela cidade. Na verdade, nada escapava aos olhos do FBI. Como eu também visitava o emprego da Carminha e não tinha consciência de que estava no limiar de grandes perigos, passava as tardes no trabalho de minha amiga vangloriando-me das minhas incursões malvistas. Um dia, o chefe dela me pegou pelo braço e disse:

— Vamos para o FBI.

Lembro-me de ter tentado argumentar, mas ouvi a seguinte resposta:

— Se não tem nada de mais, se é apenas uma reportagem e se vai sair publicado, conte-nos tudo.

De repente, vi-me no prédio do FBI, numa sala – disso sim me lembro bem – toda coberta com lambri de madeira, no chão, na parede e no teto. Nenhuma janela. Uma mesa com uma cadeira de cada lado. Entrei, sentei. Chegou um cidadão em roupa civil e me perguntou o que eu tinha a relatar sobre meus contatos com várias pessoas do Leste etc. etc. Lembro-me de ter perguntado se era proibido. E desse encontro só me recordo de uma resposta dele:

— *You do whatever you want. This is a free country.*

Disso jamais me esqueci. Sei mais ou menos que expliquei a ele que eu era húngara, que estava fazendo algumas entrevistas com alguns conterrâneos e estes me apresentaram romenos, poloneses, russos... E que tudo aquilo viraria matéria de jornal. E então fui embora passear pelo *"free country"* que nunca mais senti como livre. A partir desse dia passei a sentir – sabia que era um delírio, mas nem por isso me perturbava menos – que de cada janela de cada prédio mil olhos me seguiam. Eu tremia de medo. Sabia que era besteira, mas não estava dando conta do recado.

Certa noite, depois de fazer toda aquela palhaçada de despis-

FRAGMENTOS DE UMA VIDA

tar nossos seguidores, Dima e eu resolvemos nos despedir. Ele ia voltar para a Rússia dentro de poucos dias com o chefe, que tinha vindo para a abertura da Conferência e também para gozar um pouco os americanos estupefatos com o Sputnik. E assim Gromiko voltou para casa e eu fui para o Canadá. Foi também por esse motivo que deixei de cuidar de Carminha, mas dr. Assis nunca veio a saber e provavelmente nem se lembrava de que em determinado dia – ninguém sabe por quê – ele teve um ataque de cuidados em relação à sua sobrinha-neta. Então parti para Toronto, onde levei bem uns três meses para me refazer do doloroso período de medo que passara em solo americano.

Na última noite em Nova York, saímos da ONU, Dima e eu, para nos despedir. Como sempre, ele por uma porta e eu por outra. Ele queria me dar uma lembrança. Paramos diante de uma drogaria que tinha na vitrine um lindo arranjo de batons que ia do vermelho-escuro ao rosa-claro, e ele quis me comprar um deles. Mandou-me escolher a cor e eu, muito esganada, escolhi um cor-de-rosa que estava entrando na moda, e que caso Dima me desse pouparia uns trocados. Não percebi que o que ele queria no batom era o que nele havia de simbólico: a cor. Ele tomou o batom da minha mão e na caixa branca escreveu: *"I'm sorry you did not chose the red colour"*. Quando li aquilo, quase morri. Mas, na verdade, era isso mesmo: ele era vermelho e eu era rosa. Entretanto, não custava ter escolhido o batom vermelho... Creio que trocamos uma ou duas cartas depois que partimos, mas essa correspondência não nos faria bem, nem a ele nem a mim. E assim perdi Vadim Blogoslowski de vista para sempre. Quando estive na União Soviética, em 1986, quis procurá-lo. Descobri que ele trabalhava no Pravda, mas a falta de lista telefônica naquele país infeliz não permitiu nosso encontro.

Poucos meses depois, Carminha e eu estávamos de volta ao Brasil e resolvemos que em dois anos nós tínhamos de nos casar. Para os nossos conceitos de aprontação ambas já havíamos aprontado o suficiente. E, de fato, em dois anos nos casamos. Por acaso, com dois franceses. Durante mais alguns anos nos encontrávamos, os dois casais. Os encontros foram rareando e nos perdemos. Hoje, gostaria de encontrá-la, mas não sei onde.

E o latente se explicitou

Éramos dois filhos da classe média. Vínhamos sendo sustentados por duas lojas, uma na Lapa e outra na Água Rasa. Éramos filhos de imigrantes. Éramos recém-formados por duas escolas de elite – Politécnica e Ciências Sociais da USP. Nossos pais, quando jovens, tinham militado na esquerda europeia. Aqui, como imigrantes, tornaram-se apenas batalhadores. Nossa mirada a distância não ambicionava nada de um universo de cinco estrelas em termos de consumismo. Queríamos tão somente uma vaga na elite intelectual. Encaminhávamo-nos passo a passo, de maneira certeira, para esse destino.

Nenhum dos progenitores jamais havia tido casa própria. Nós já começamos com um imóvel financiado pela Caixa Econômica Federal. Era uma encantadora quitinete na rua Santa Isabel, esquina da Cesário Mota. Eram 30 metros quadrados e todo nosso orgulho. Do tempo que tinha morado no Rio, guardei um forte desejo de consumo: uma *womb chair* (cadeira-útero de maravilhoso design). Queria uma igual àquela que vira na sala modesta, porém requintada, do Bruno Giorgi no Rio de Janeiro. Até o estofamento tinha de ser igual, senão não valia. Achei. Investi nela o que para mim era então uma pequena fortuna. Nossa mesa/escrivaninha precisava ser colonial, como se usava entre jovens emergentes na década de 1950: moderno com colonial. Todo o resto foi criação do Simon – o marido vir a ser. Tinha ainda uma mesa com tampo folheado de jacarandá e quatro cadeiras. Claro que havia também uma cama de casal, capaz de se transformar num sofá, graças a almofadas magníficas que sumiam na hora de dormir. O chão era acarpetado. A cozinha tinha pia, geladeira, fogão e armários suspensos. No quarto, o que me parecia um fantástico armário embutido, bem do tamanho das roupas, apenas essenciais, que tínhamos. O chão da cozinha e do banheiro era de pastilhas brancas e amarelinhas que eu limpava diariamente, até com escova de dentes, para que permanecessem parecendo intocadas.

Nunca mais na vida morei tão bem. Tínhamos som, máquina de escrever, seis metros por três de prateleiras com livros. Não tínhamos área de serviço. Não consigo lembrar como nossa roupa era lavada, se era lavadeira ou lavanderia. Sei que eu cozinhava ricamente, como se a cozinha não fosse um simples corredor.

O ano em que moramos na rua Santa Isabel é aquele do qual me lembro com júbilo. Era tudo que eu jamais sonhara ter. Não posso esquecer um detalhe que na época era um tesouro: uma linha telefônica – 575-381, se não me falha a memória, era o seu número.

Hoje não dá para imaginar o que era para um jovem casal ter telefone. Esse telefone foi obtido, lamento me lembrar, de forma corrupta. Eu era então jornalista do *Última Hora*, encarregada do setor de política municipal. O secretário de obras da gestão de

Ademar de Barros era Altimar Ribeiro de Lima, que não só me arranjou um telefone – como se vê, obtido graças ao seu pistolão – como conseguiu ainda o financiamento da Caixa Econômica Federal. Naquele tempo, corrupção que funcionava mesmo era pistolão. Foi uma corrupção incompleta, porque logo depois, quando eu deveria ter feito a minha parte favorecendo-os no noticiário, saí do *Última Hora* e fui para o *Estadão*, onde deixei a política de lado e me dediquei ao "Suplemento Feminino".

Fugi do assunto que me trouxe até estas maltraçadas linhas.

Voltando, pois: três meses depois de estarmos instalados no nosso palácio – pois era assim que nos sentíamos – a minha menstruação atrasou. Aguardamos um bocado e fomos ao dr. Gregório – cujo sobrenome me foge –, que clinicava na rua São Caetano.

Eu estava grávida, sim.

(Ateus que éramos, sem preconceitos contra o aborto, apesar de eu já ter acompanhado amigas a inúmeros deles, nem aventamos essa hipótese.)

Saímos da rua São Caetano e fomos caminhando até a rua Correia de Melo, onde ficava um restaurante de comida judaica, e lá jantamos. Essa trajetória não se apagou jamais da minha memória. Revivo mental e muscularmente a plenitude que me tomou. Não era euforia, nem mesmo alegria. Era uma comunhão perfeita com o destino. Era. Nada mais. Apenas um intransitivo.

Existem condições, momentos da vida que encarnam o verbo "ser" dessa maneira absoluta. Aquela gravidez não estava submetida a emoções. Se a cada inspiração e expiração tivéssemos de agradecer aos céus por estarmos vivos... A gravidez veio confirmar que estávamos vivos e continuaríamos a viver. Lembro que em algum momento pensamos em comunicar aos nossos pais. Foi apenas uma ideia. Ficou para o amanhã.

E a Gabriela foi assim recebida.

Meses depois, já estávamos em outro endereço, pois no nosso palácio, assim como no nosso jantar, só cabíamos nós. Foi uma troca feita sem mágoa. Instalar-se na rua Santa Isabel, até os mais ínfimos detalhes, foi uma obra em si mesma. Fora do tempo.

Não posso me esquecer da Geralda, que limpava metade do prédio, inclusive o nosso palácio. Ela ficou com a gente, foi depois trabalhar com a Marilda, foi depois para Brasília com o Luiz e a Regina. Não soube mais dela. Foi a melhor empregada que jamais tive, como tudo mais que me recordo daquele tempo que me parece sempre o melhor de todos vividos.

O nome da criança foi homenagem ao Gabriel Bolaffi, que nos apresentou um ao outro. Eu queria ter uma filha mulher.

Em 1961, quando ela nasceu, ainda não existia essa moda de saber o sexo durante a gravidez. Ainda tomada pelas dores do parto, quando me disseram que era uma menina, lembro-me de ter exclamado: "Pelo menos isso, depois de tanta dor!"

*

A nossa vida familiar não foi um mar de rosas, como em geral não é a vida de pais e filhos cheios de consciência de cada momento vivido. Aceitar o destino significa também viver separações, encarar defeitos, defender o próprio destino. A vida, cheia de consciência, essa inimiga da felicidade, atrapalhou o cotidiano do casal. Fiz muitos voos solo, assim como também o fez Simon. Isso impediu para sempre que nossa vida tivesse permanecido parecida com aquela noite em que juntos fomos tão completamente submissos ao destino enquanto caminhávamos da rua São Caetano até a Correia de Melo. Foi uma caminhada em que a consciência de nós mesmos abriu espaço para a rara plenitude que o nascimento da Gabi me deu.

Vamos começar pelo encontro

Eu o encontrei na minha infância e depois o reencontrei em 1970. Reencontrá-lo na década de 70 não foi nada surpreendente. Surpreendente é sua presença na formação das minhas ideias desde sempre, isto é, desde a década de 40. Wilhelm Reich era alguém em quem nossos valores de família – lá na Lapa – encontravam ressonância. Éramos agnósticos, judeus, de esquerda não stalinista, antitotalitários e conscientes da existência concreta dos motivos inconscientes. Mamãe, papai e eu acreditávamos em Marx e Freud de forma ingênua, à moda dos puros. Não nos envolvíamos com dúvidas teóricas. Os nomes de nossos patronos não tinham a seriedade de suas bibliografias: Marx e Freud eram depositários de nossas ideias. Vocês pensam que digo isso por engano, que não sei que essa relação está malformulada? Sei que foram eles que disseram, e que foram suas palavras que fluíram dentro de nós, mas não era assim que percebíamos. Eu tinha a sensação de ser um depositário da verdade que os outros escreviam ou tinham escrito. Isso ocorre quando uma ideia se populariza, vira patrimônio público. O leigo se sente autor – ou quem sabe coautor? O pensamento de Marx e Freud se confundia com a gente mesmo. Na minha casa não existia o acaso. A ideia de intenção inconsciente era vivida com a mesma clareza com que eu sabia ter braços. Ninguém se atrasava, ninguém enganava, ninguém se alegrava, ninguém escolhia à toa. Ser autoritário, ser sexualmente reprimido, ter ideias fascistas correspondia a necessidades internas que a gente não sabia bem quais eram – nem de onde vinham –, mas que atribuíamos todas ao inconsciente. Apesar do vazio provocado pela existência de tantos "não saberes", na minha casa ele nunca foi preenchido com outra mística que não essa.

Não sei quantas pessoas na década de 1950, na Lapa, sabiam de Reich. Mas eu não estava inteiramente só. Outra família – também imigrante, centro-europeia, judia, agnóstica e de esquerda – morava por ali. Um casal e dois filhos. Ela, da minha idade, e sua mãe muito mais xiita do que a minha. Fizemos vestibular juntas, mas, antes disso, já tínhamos um passado de bairro e de movimento sionista em comum. Por essa época Reich era, para mim, um cidadão que pensava certo, não mais do que isso.

A década de 70 vai me encontrar às voltas com um projeto de vida profissional em transição. De carreira acadêmica, em que me especializara em comportamento grupal, eu queria me tornar psicoterapeuta – de consultório. Os movimentos sociais, os conflitos entre esquerda e direita eram ainda muito presentes para me permitir a escolha de qualquer outro patrono que não Reich. Freud, puro, com seus seguidores ortodoxos, gerou uma técnica e um método inaceitáveis para mim naquela época. Intuía que era um engano toda aquela cisão, mas ela existia para mim e para muitos outros. A abordagem reichiana, não institucionalizada, seduzia-nos, rebeldes que éramos. A inclusão do corpo no mundo psíquico nos atraía, pois era como se essa abordagem eliminasse o perigo de pensar a *alma* ou qualquer outra manifestação não materialista. Observávamos a União Soviética, mas não era o socialismo que almejávamos. Nosso socialismo era muito mais da liberdade do que da igualdade. Não fui só eu que procurei refúgio no universo idealizado de Reich e de seus seguidores. Nós nos organizamos em torno de algumas figuras exemplares: Alexander Lowen, Charles Kelley, Stanley Keleman, David Boadella, Gerda Boyesen – seguidores que tiveram contato direto ou indireto com Reich quando vivo. Admirávamos – e mantínhamos relações de boa vizinhança com – o psicodrama, a Gestalt-terapia, Carl Rogers e a cada verão saíamos pela Europa e pelos Estados Unidos à procura de alimento na forma de técnicas e estratégias que essas figuras exemplares detinham. A teoria era pouca e fraca naquele momento. O misticismo – secundado pelo mecanicismo – sempre foi o perigo maior. Nem mesmo nossos mentores conseguiam se livrar desses perigos. Eu diria que nem mesmo Reich.

A ideia que nos norteava – a todos, não importava a seita – era a de que também o corpo constituía uma via régia de acesso ao inconsciente, e não só o sonho, o lapso, o ato falho e o esquecimento.

Análise do caráter é o livro mais importante de Reich, na minha opinião. É o mais psicanalítico, e nele o gesto e a postura ganharam foro muito especial. Essa mesma via régia, porém, apresentava o perigo da medicalização. Com o correr dos anos, a intervenção somática quase nos tornou fisioterapeutas. Mas por que isso ocorreu?

Elaborar uma visão de corpo idealizado é muito fácil. Difícil – ou impossível – era realizar esse corpo. Almejávamos o ideal do orgasmo genital e do corpo desencouraçado. Portanto, cabia a nós não só interpretar no nível da linguagem – afinal, o corpo fala –, mas também restruturar e reorganizar esse corpo. Desencouraçá-lo, enfim. Para tanto, estava à nossa disposição toda a tradição nórdica e alemã de massagem e ginástica, além das técnicas orientais que nos eram trazidas pelos grandes místicos viajantes, como George Gurdjieff. Isso foi verdade desde a década de 1930. Porém, nos anos 70 – depois da invasão do Japão, das guerras da Coreia e do Vietnã –, a influência oriental e sua ênfase na prevenção tornaram-se dominantes em certas linhas terapêuticas.

Como adendo, quero ressaltar que, da mesma psicanálise de onde nascera o movimento reichiano, nascia a abordagem linguística de Lacan, na mesma época. Essa psicanálise se dividira, pois, em duas vertentes: uma com ênfase no simbólico e outra com ênfase no operacional. Em algum outro lugar, Melanie Klein mantinha viva a psicanálise ortodoxa dentro da instituição oficial. Mas para nós, libertários, socialistas, Reich constituía um caminho legitimável. Podíamos conciliar indivíduo, grupo e nação, que era o que mais desejávamos. Seus livros como *Revolução sexual* e *Psicologia de massas do fascismo*, além da organização das policlínicas sexuais em Berlim, nos davam a certeza de que, sendo reichianos, não traíamos nossos ideais.

Os jovens americanos aprenderam com seus inimigos – e difundiram tais ideias – que o corpo não era apenas saúde ou doença. Podia vir a ser o templo da sensação e do prazer. E assim os reichianos foram se constituindo pagãos e orientais. Reich procurava entrosar educação e terapia, mas não na linha pedagógica de Ana Freud. Acreditava na etiologia sexual, se não de todas, pelo menos da maioria das doenças. O sexo, em Reich, tem ênfase diferente da do sexo em Freud. No momento em que Reich define sexo como condição de saúde e liberdade sexual, e liberdade sexual como condição de bem-estar individual e social, seu pensamento abandona a trilha da liberdade enveredada pela rota das idealizações. Essa rota inclui pesquisa de técnicas e estratégias, além de métodos terapêuticos que pudessem levar à consecução dos ideais de corpo apontados como modelo. Aqui está um problema para os reichianos. Eu tinha a imagem do corpo e do movimento vistas como satisfatórias ou ideais. Não era exatamente a forma, não era uma procura do belo. Havia algo de procura de graciosidade, de harmonia. Mas, ao mesmo tempo que não conseguíamos evitar esse deslize para a normatividade, nós queríamos continuar a batalhar pela liberdade e pela autonomia.

Nós, jovens rebeldes, interessados em Freud, seguíamos Reich ao mesmo tempo que nos afastávamos da estrutura da cura hipocrática e alopática, e nos aproximávamos de uma postura pagã, que incluía a procura ininterrupta do prazer no cotidiano. Nessa postura, revivemos o encontro Oriente-Ocidente, pagão-cristão. Viver bem é natural, e o natural já é um ideal. O viver bem não demanda merecimento, não é preciso penar por ele. Nessa postura pagã, permitimo-nos o bem-estar. O prazer sem culpa.

Culpa: palavra fundamental para compreender a qualidade da dissidência reichiana. Ao não associar prazer e dor – sendo o prazer um prêmio da dor –, tivemos de lançar mão de outras tradições que nos permitam viver sem que o cotidiano tenha de ser um eterno purgar. Como reichianos, afastamo-nos daquela cultura judaico-cristã que atribui função ao sofrimento – contexto em que a psicanálise bem se insere.

Não faço aqui um resumo da obra do Reich. Procuro em mim um Reich a resgatar. Apesar de revolucionário, ele era um homem de seu tempo; entusiasmado com o futuro brilhante que a ciência prometia e eticamente preso à sua tradição ocidental. Mas algo ocorreu entre ele seus sucessores. Houve uma grande quebra dessa tradição. E eis que encontramos Reich na grande encruzilhada entre movimento *beat* e o movimento *hippie,* seus sucessores, e a cultura da culpa.

*

A dissidência reichiana que remonta à década de 1930 (*Análise do caráter* foi publicada em 32) e a difusão do rechianismo nos anos 70 são fenômenos fora da história. As duas datas coincidem com a intensificação dos contatos da cultura ocidental com as culturas pagãs. Na década de 30, houve o surgimento do pan-germanismo e o recrudescimento da perseguição a povos desde sempre massacrados. As novas fronteiras ameaçavam a frágil estabilidade do contato entre as nações, mantida a duras penas nos últimos mil anos. Intensificou-se a identificação de cada grupo com suas raízes. Para contrabalançar essa tendência, movimentos xenófobos começaram a aparecer. Na década de 1970, o contato foi com nossos inimigos orientais, que nos passaram, dentro do pacote de nossa vitória sobre eles, a sua cultura.

Não se poderia esperar nem de Reich nem de seus seguidores que passassem ao largo do positivismo na época em que o Sputnik era lançado (1957). Freud, Reich ou Lacan não poderiam ter prescindido da ciência que tanto prometia. Hoje, para nós, é mais fácil criticá-la. Há 40 anos, isso não seria sensato. Ainda tínhamos de descer na lua, fotografar Marte. Quanto a Reich, não faremos análise crítica nem enveredaremos por comentários sobre seus desvios e desmandos de fim de vida. Nada extingue ou

abala sua obra e, especialmente, a grande influência que teve. Vejo Reich inserido num universo pagão em que história e memória se distinguem. Em história, dificilmente nos afastamos da noção de aperfeiçoamento e progresso. Do universo da memória, quisera retirar essa ideia nociva de progresso sem fim no qual o lema "o fim justifica os meios" serve como uma luva. Reich, embora nunca tenha conseguido se livrar das prescrições da ciência, foi o mentor da grande virada para uma concepção de mundo em que a qualidade de vida é um bem supremo.

Que abandonemos a noção de história, de desenvolvimento, de progresso, em certos momentos, e acompanhemos Reich na instauração do império do "aqui e agora". Que todas as noções associadas ao aperfeiçoamento e ao progresso não sejam abandonadas, mas reformuladas apenas em função da organização do cotidiano, dos cuidados rotineiros da produção em geral. Que o tempo seja para regar as plantas, cuidar do corpo, e não para definir o "dever ser". Mal delineada é essa trajetória!

Lá na Lapa, os Pape e os Mautner faziam, na surdina, o transplante dessas ideias que vicejavam na década de 1930 pela Europa central e germânica. E quando no começo da década de 1970 os filhos dos filhos dos imigrantes deparavam com Reich revisitado... foi uma surpresa! Para Evelyn e para mim, aquilo já era velho, mas o víamos como novo e nos enfronhamos em tudo que de familiar existia nos movimentos neorreichianos. Mas não era só isso. Era também o reencontro de uma maneira – para nós já tão conhecida – de discernir o bem do mal, sem que ao mal atássemos culpa. O mal era um engano; era uma falácia do inconsciente. Tinha de ser evitado pelo pensamento.

Ler é viver uma falta

om certeza alguma coisa não deu certo na festa infantil a que ela foi. Quando chegou em casa, sentou-se de costas para o mundo, de frente para o espaldar, no cantinho do sofá, com uma revistinha na mão e o olho na revistinha. E assim ficou uma porção de tempo. Perguntou-se a ela o que estava lendo e por que estava lendo, e nada... Aí lembrei que quando volta de seus passeios costuma se esgueirar para dentro da casa, para sua caminha, onde fica lendo um tanto de tempo. Só depois ela sai para o convívio. Em outros momentos, ela também se refugia espontaneamente na leitura. Ela é Alexandra, de 6 anos. Ninguém manda. Parece que ela gosta do que ocorre durante sua leitura. Também não vi ninguém preocupado ou encantado com esse fato. Era só fornecer um livrinho ou uma revistinha. Alexandra foi alfabetizada na França, onde já mora metade dos seus 6 anos.

Não vou ter a ousadia de dizer que toda criança europeia é assim, e que todo europeu lê – embora tenha a impressão de que sim. Trata-se de uma leitura que não é sempre aprendizagem, estudo, concentração. A trama sendo lida mais me parece um mergulho no prolongamento de si; uma introspecção não narcísica, um mergulho que não se dá em si próprio nem na *res publica*. É como se existisse um espaço, que é o espaço da trama do livro, que pertence parcialmente ao leitor. Fica sendo um espaço semipúblico e semiprivado. Meu enquanto em uso. Então, quando vejo Alexandra correndo para o seu canto, percebo-a viciada nesse espaço onde se refaz do bombardeio do mundo dos encontros entre as pessoas. O uso desse espaço que nunca pensei em definir – e não creio que o tenha feito satisfatoriamente – é mais dessa criança de escolaridade europeia do que da criança americana – exceto as canadenses, a respeito das quais não tenho muita informação.

Mas o que será que acontece com essas crianças bem-aventuradas, que sabem usar esse espaço como refúgio agradável, como distração desejada? Em resumo, por que algumas crianças têm esse dom de preencher os espaços vagos, onde instalar-se-iam o tédio e sua função de liquefazer o prazer? Nada pior para meus ouvidos do que o som da voz do homem lamuriando-se por não ter o que fazer consigo mesmo, apesar de rodeado por toda a parafernália que o século XXI acumula em torno de nós, incluindo aí os fatos da natureza, não só os da cultura. Coloco assim porque no século XXI não se realizaram todas as previsões dos *science fiction writers*. Ainda estamos em contato com a natureza. Ainda vemos o sol, a lua e as estrelas; às vezes algo nublado pela poluição, mas ainda vemos a chuva que cai sobre nós; ainda percebemos o frio e o calor, tal qual está na atmosfera. E, com tudo isso, a maioria das crianças em idade de latência, mesmo estando rodeada por livros, frequentemente exclama em meio ao seu tédio: "O que é que eu faço?" Ah, se elas gostassem de ler! Sofreriam bem menos de tédio! Se pudessem aceitar a historinha impressa, silenciosa e surda, que vem no impessoal papel... Mas não! Por algum motivo, que espero um dia podermos depreender, alguns dos nossos filhos não aceitam a ausência do ser humano. Não aceitam *erzats*, ou seja, substitutivos, falsificações. Querem contato concreto.

Não vou entrar na história do que é mais saudável. Prefiro personalizar, já que não disponho de uma boa teoria. Não suporto

FRAGMENTOS DE UMA VIDA

tédio, nem meu nem dos outros, e acho que ser capaz de se satisfazer com leitura é um passo decisivo para afastar esse clima no qual só crescem "coisas feias".

Já caracterizei a leitura como espaço intermediário entre o público e o privado, entre a introspecção e extroversão. Também já a descrevi como substituto do "outro" e como olho universal capaz de preencher espaços vazios dentro da gente, trazendo enredos para ocupá-los, substituindo até os pesadelos. Assim, até agora têm me ocorrido ideias sobre as funções harmonizadoras da leitura vista do ângulo psicológico. Nos momentos de desequilíbrio, nada como tomar alguns goles de uma boa leitura. Nada que ver com *status*, nada de investimento no futuro. Leitura – bálsamo para o agora.

Conversando com minha amiga Marlyse Meyer, ela me lembrou de um decreto colonial que proibia a entrada, no Brasil, de romances que poderiam encher a cabeça das pessoas de "ideias". Lembrou-me também do preconceito que existia contra a leitura pelas moças. Meninas e mocinhas, estando mais no lar do que em contato com o mundo, poderiam preencher seu tédio com os enredos aventurescos contidos nos livros. É preciso lembrar ainda que as mulheres só passaram a ser sistematicamente alfabetizadas há muito pouco tempo; isso sem falar na alfabetização dos homens, que até pouco tempo atrás restringia-se aos filhos homens das classes dirigentes. Até então, as histórias eram contadas; eram dos ouvidos, não dos olhos.

Continuo encarando a leitura não como processo de aprendizagem ou de aquisição de informações necessárias para a formação e informação profissional. Não estou pensando no que se está lendo. Talvez pudesse falar em livro em vez de leitura, mas ficaria mais ligada ao conteúdo. E onde entrariam as revistas, com sua variedade de temas? Falo, pois, da leitura, não dos livros; sobre o ato de ler e sua função no psiquismo. Algum filósofo muito importante teria dito que para o homem moderno a oração foi substituída pela leitura de jornal e seu caráter de ritual diário, de atividade rotineira e obrigatória. Assino embaixo.

*

Divagando um pouco... Lá pelas Europas, onde também há televisão, onde também falta espaço, as ruas são perigosas, a vida é difícil, o livro também custa caro, as crianças leem! Outras coisas ocorrem, no entanto. Cada exemplar é lido por muita gente, circula de mão em mão. As bibliotecas são movimentadas. Adquirir o vício da leitura, ao contrário de outros vícios, é ampliar em muitos graus a autonomia de uma pessoa. Trata-se de um ato solitário que ocupa pouco espaço, não destrói a atmosfera – no qual, portanto, nenhum ecólogo põe defeito. Qualquer canto é bom para ler. Veja-se Alexandra. É a concretização de um ideal individualista, etapa que nos levou ao fato de termos de cair no narcisismo atual. Talvez por falta de leitura e adesão direta à imagem. Quem sabe a passagem direta da história ouvida para a imagem eletrônica seja uma parte desse complexo problema? Desconfio que a etapa da leitura pode fazer falta quando ausente.

Mas voltemos à aquisição do vício, que é o problema que me interessa. Se há um vício que eu quisera difundir, é esse. Queria um monte de Alexandras viciadas em leitura, em volta de mim, povoando o meu mundo. Mas não sei como implementar isso. Alexandra é filha de brasileiros, sua casa é uma ilha brasileira no centro de Paris. E ela lê. Mas conheço outras crianças que moram aqui, frequentam escolas estrangeiras, como o St. Paul's, o Pasteur, e adquiriram esse vício-riqueza. Mas como? Onde? Por quê? Será atitude de professora? Como vimos, mães brasileiras com escola europeia podem gerar crianças, em média, menos entediadas do que as outras. Mães estrangeiras, com filhos em escola brasileira, tenderiam a produzir cidadãos entediados? Não sei. Meu espírito científico me leva a crer que a variável possa estar fora da família, ainda que esta encoraje, aprove, gratifique. Será que a escola torna o livro aversivo, ou ao menos pouco desejado? Nada no planejamento curricular. Ninguém no século XXI ousaria atacar frontalmente a leitura. Mas parece que não atacá-la ainda não é suficiente para automatizar a fuga por meio da leitura.

Lembro-me do Diogo, também brasileirinho, alfabetizado em Londres, que lia e continua lendo. Conheço muitas pessoas drogadas de leitura, mas elas não são inúmeras fora do ambiente acadêmico. Percebo tratar-se talvez de um traço nacional, e isso me surpreende negativamente. Como viciada, não posso imaginar o que seria da minha vida sem a leitura. Se minha latência e adolescência foram difíceis lendo desesperadamente, não imagino o que teria sido de mim sem esse recurso.

*

Procuro agora, dentro de mim, imagens e fatos relativos à leitura. Surge a visão de uma pequena biblioteca pública em Poços de Caldas, no parque do Palace Hotel. Lembro-me dela, da bibliotecária, e de que nunca havia ninguém. Lembro-me da biblioteca do curso ginasial do Mackenzie; lá havia um pouco mais de gente. Lembro-

-me da biblioteca circulante da Congregação Israelita Paulista quando ainda era na rua Brigadeiro Galvão. Foi de lá que tirei o primeiro livro sem figuras que li na vida: *A vida de Anne Sullivan* (preceptora de Helen Keller). Vejo-me no bonde, carregada de livros, bem uns três em cada braço, voltando para minha casa na Lapa. Não posso deixar de falar sobre a Biblioteca Municipal. Éramos uma turma que passava todo o tempo livre ali na praça Dom José Gaspar. Era a turma da biblioteca. Não havia nenhum filho de rico, nem mesmo abonado; tínhamos pouquíssimo dinheiro, mas ele não nos faltava: a biblioteca era de graça, a prosa era de graça. Dinheiro, só para café e cigarro – todos fumávamos loucamente. Quando a gente entrava na faculdade, mudava de biblioteca. Acho que todos entramos na USP. Eram poucas as oportunidades de universidade privada, na época – estou falando da década de 1950. Aí cada um foi para a biblioteca de seu setor. Claro que nenhum de nós rumou para Odontologia ou Medicina... De alguma forma, queríamos profissionalizar o nosso vício, e assim torná-lo incurável. Maurício Tragtenberg e Carlos Henrique Escobar foram para a História. Bento, Arno, para a Filosofia. Porchat, para as Letras Clássicas, com a Cláudia, e assim por diante. Alguns foram pintar, outros se perderam na dificuldade de combinar algum pragmatismo com o sagrado vício da leitura. Isto é, não se submeteram a estudar nos livros para obedecer a uma instituição educacional. Reduzindo, não estudaram para o vestibular. Essa passagem era difícil, pois "ler" era parte da nossa rebeldia, não era apenas consequência de não termos todos os livros em casa. Não era só que ali se aglutinavam os semelhantes em suas solidões, formando uma espécie de gangue. Devia haver alguma coisa a mais que não entendo bem.

Com certeza, a estátua do hall da Biblioteca Municipal fez parte do rito da nossa mudança cultural. Ali nos juntávamos e, juntos, sem trair origens, sem culpa, atravessávamos a barreira que nos separava do mundo do pensamento. Era pensando que pretendíamos, no futuro, ganhar a vida. O grupo tinha militantes, simpatizantes e xiitas, mas é uma honra ter passado por lá, em qualquer categoria, até hoje. O Rubinho, xiita, nunca se libertou de nós. Há poucos anos tentou nos organizar: ofereceu sua casa para uma reunião que deveria ser a semente de um... Eu não saberia dizer que tipo de instituição! Ocorreram duas reuniões, que eu saiba. Claro está que Rubinho só se lembrou dos que foram bem--sucedidos na empreitada de profissionalizar o pensar. Mas às vezes, pelas esquinas, eu encontro alguns dos que fracassaram. Foram obrigados a trabalhar fora do campo idealizado. Lembro-me do Miguel, que na última vez em que vi trabalhava como corretor de imóveis. Talvez até tenha ficado mais rico que os outros, mas estava fora do Olimpo que idealizamos. Lembro-me de outros... Um foi dirigir as lojas do pai. Não sei dizer se esses nos evitavam ou se nós é que os evitávamos. E mesmo esse "nós" é difícil de ser definido. Depois de 40 anos, só as reuniões do Rubinho é que funcionaram como legitimador do "nós". A legitimidade se definiu por quem foi convidado e por quem esteve presente, pois os convidados do Rubinho podiam trazer quem quisessem ou quem lembrassem de chamar. Houve certa democracia na convocação, pois não foi tudo da memória do Rubinho! Mas não foi só na Biblioteca Municipal que existiu uma turma. Na Biblioteca Infantil da Leopoldo Fróes teve outra à qual eu não pertenci, mas sei que existiu, e deu bons frutos. Por exemplo, o Gianotti, a Yolanda, o Aparício. Não saberia citar outros. Mas sei que o Gianotti diz sempre que ele era daquela "gangue".

O que teria sido de nós sem essas bibliotecas?

*

Na praça do Correio, num andar qualquer de um prédio velho, estava a Biblioteca Circulante do sr. Landesmann. Ele tinha umas duas salas cheias de livros encapados de papel cáqui, todos em húngaro. Todos os húngaros de São Paulo, se alfabetizados, iam lá semanalmente. Era um programa obrigatório. Não sei como Landesmann tinha reunido tantos livros; eles eram preciosos, porque não chegavam livros novos da Hungria. Falo da década de 1940, durante a Segunda Guerra Mundial. Depois, com o fim do conflito, começaram a chegar livros novos que eram disputados por todo mundo. Em seguida veio a livraria dos Landi, que também tinha a sua parte circulante; e depois disso não acompanhei mais os leitores de ficção da colônia húngara de São Paulo. Digo de ficção porque nessa época, para o leigo viciado em leitura, não existia outro alimento que não a ficção. Depois da guerra é que os livros de divulgação científica (*Ajude-se, Conheça-se* etc.) começaram a aparecer e, naturalmente, conquistaram o coração desses leitores. Até então, exceto ficção, existiam as biografias e os livros de História, tipo *Os 40 dias de Musa Dagh*, de Franz Werfel. A Congregação Israelita Paulista tinha também uma livraria circulante com livros em alemão, ponto de reunião obrigatório dos nativos daquele país.

Eu teria muito mais a contar sobre bibliotecas, mas já divaguei demais e fugi da questão crucial. Como viciar as novas gerações para que se formem novas turmas de biblioteca?

O pai que lê não é nenhuma garantia para que o filho leia. Talvez aumente a probabilidade. Escola em tempo integral? Pode ser. Um grande alívio para a angústia das longas horas que a gente fica sentado em carteiras desconfortáveis nas escolas é a fuga pela imaginação. Ler é uma solução possível.

Quero reiterar que não estou falando de ler para aprender, e sim de ler para desencarnar, para sair do aqui e agora, sem mergulhar em si mesmo. Sei que o jovem americano lê muito – a competição na escola é pesada. Mas tenho a impressão de que a permanente associação da leitura com o sucesso (para entrar numa boa escola e arranjar um bom emprego, num bom ambiente social) destituiu a leitura do seu caráter de "prazer à toa", de vício querido.

Mas voltemos à minha questão. O que a França tem que nós não temos no que se refere ao vício pelos livros? Já arrisquei alguns palpites e vou continuar arriscando outros, até que logo mais desista.

Será que a escola tradicional, mais séria, com professores compenetrados, respeitosos, é uma boa origem para o vício de ler? Uma escola moderna, de vanguarda, enaltece a criatividade, e esta representa mudança. O livro é conservação. O que está impresso hoje também estará impresso amanhã. Será que exageramos enaltecendo a criatividade em detrimento do livro? O "criador" dispensaria a cultura livresca, ou ao menos destituiria o livro de seu *status*. O livro deixaria de ser objeto de paixão. É muito difundida nas escolinhas modernas a pesquisa a partir do nada, com pouca ou nenhuma orientação. Cabe a cada criança refazer a história da humanidade a cada tarefa. Os alunos partem para investigar como se antes deles nada tivesse sido dito. Essa postura de "tábula rasa" me parece uma boa dica, talvez um palpite feliz. Decididamente, trata-se de um engodo pensar que se ensina curiosidade fazendo de conta que nunca ninguém investigou nada antes. Alimenta-se uma postura narcísica, aumentando a dificuldade dos jovens de tolerar frustrações. As crianças ficam restritas a um mundo em que são sempre as primeiras e as únicas. O descobrir que se espera delas não demanda nem avaliação nem comparação, pois o que está sendo incentivado é o ato de descobrir e não o que se descobre. Assim criamos um eterno vencedor. Sem dúvida, teremos de rever essa ideia de treinamento para a criatividade. Se esse caminho não for frutífero para a minha questão, deverá nos trazer subsídios para pensar a respeito de outras especificidades da área que não parecem cheirar bem.

*

Lembro-me de um rapaz que, há uns 20 anos, me procurou para que eu o orientasse na carreira de psicólogo. Ele estudava numa faculdade de psicologia da periferia. Era pobre, e a família se sacrificava muito para que ele pudesse estudar. (Ele me pedia o caminho das pedras, não queria as aulas de natação que eu lhe propunha...) Sugeri que se aproximasse de certos professores seus que eu conhecia como pessoas aptas, inteligentes, ao que ele retrucou que se sentia meio inibido em falar com gente acima dele. Então, se isso era difícil, e se ele não topava fazer o que era difícil, mudei de sugestão. Indiquei a ele certos cursos de extensão que poderia fazer para complementar sua formação – que sem dúvida era precária. Para tanto ele não tinha dinheiro, pois os cursos eram pagos. Essa sugestão incluía grupos de estudos também. Então só nos restava a leitura. Citei algumas bibliotecas e sugeri um esquema de leitura, ao que ele me surpreendeu com o seguinte comentário: "Sabe, Anna, eu fico com ódio do livro que traz coisas que eu nunca pensei. Tenho vontade de jogar longe. É assim também com o professor".

Eu fiquei tão horrorizada com aquele rapaz que nem lembro como a entrevista acabou. Só me lembro do que senti: uma raiva imensa dele. Raiva de ter perdido tempo com o cara que queria o caminho das pedras e não queria aprender a nadar. Reconheço que esse é um caso extremo. Cada vez que eu o encontro – e eu o encontro, ele está por aí, trabalhando como terapeuta! –, volta-me a esperança de que tenha se curado.

*

Será que essa dificuldade de substituir o contato humano pelo livro, que nesse caso seria um *erzatz* de gente, tem relação com determinadas concepções, ou talvez preconcepções sobre o bebê? A criança, em certos lugares do mundo, começa a ser educada ao nascer. Deve comer em hora certa, em quantidades predeterminadas, dormir sozinha mais cedo que os adultos e, sobretudo, não deve ter colo indiscriminadamente. Entre nós, historicamente, a criança ganha colo e pele quando e enquanto quer, ou enquanto as costas da babá ou da mãe aguentarem. A criança é uma coitadinha. Nunca ninguém me explicou por quê, mas faz parte do nosso idioma associar nenê a coitadinho, "tadinho". De onde será que vem isso? Os "tadinhos" devem ser reconfortados permanentemente. O adulto brasileiro não suporta o choro da criança. Esse adulto que livremente concede o colo. Acredita ser ele um bálsamo para a dor do bebê. Crê-se todo-poderoso. Essa onipotência que garantimos ao bebê mantém a onipotência nele e no homem que virá daí. Somos todos

capazes de calar o choro de um bebê, e por isso talvez não possamos aceitar o livro que substitui a pessoa que pode dar colo. Talvez em cultura a leitura, em vez de ser a presença de algo de fácil acesso, sempre presente com alta possibilidade de reconforto, represente a ausência. A leitura seria, pois, a prova da perda do colo, o símbolo da ausência, algo relacionado com a morte, com o desaparecimento.

Não vou continuar a palpitar. Mudo de posição. Peço ajuda. Como transformar a massa de crianças passivas diante da televisão e dos eletrônicos em devoradores de livros?

Desde já agradecidos, contamos com a vossa ajuda. *Help! We need everybody's help!*

Assinado: Campanha para uma felicidade baratinha e à disposição de todos.

P.S.: aprendemos a ler mais ou menos na idade em que, conforme se afirma, ficamos sem graça. Todo mundo diz que a partir dos 6 anos a criança não tem mais graça, e é bem aí que entra o livro, a alfabetização. Quem sabe crescimento, negação do colo e alfabetização estão associados e assim o livro, antes de poder ser um bálsamo, transforma-se no símbolo da perda do aconchego?

Pelo divã da dona Virgínia

que a senhora espera da análise?

Foi o que dona Virgínia me perguntou logo depois de um rápido "boa-tarde" e de um "sente-se, por favor".

Na mesma sala, no mesmo lugar, despedi-me dela nove anos depois. Não foi uma ruptura, não senti falta. Tudo elaborado.

Assimilado. Sem sobras. Nossa vida não foi tão tranquila assim. Estivemos juntas durante todo o período inflacionário, e apesar disso ela nunca se lembrou de me reajustar. Conforme os índices de inflação eram publicados, eu ia reajustando por conta própria. Nunca a vi olhar o cheque ou contar o dinheiro. Nunca falamos sobre recibo ou qualquer outro estratagema de driblar o Fisco para qualquer uma de nós. Só uma coisa perturbava o nosso estar a dois: o maldito telefone que ela, às vezes, esquecia de colocar na secretária eletrônica. Aí eu queria que ela atendesse, já que tinha esquecido de nos proteger, e ela sempre se negou. Esse telefone foi uma constante em nossa vida.

Nove anos nessa relação diária, constante, confiável – sem cifrão nem qualquer outra negociação – viciou-me mal. Dona Virgínia me estragou: fiquei para sempre querendo que o mundo fosse assim. Sei que nunca a enganei e sei também que esse desleixo – ou quem sabe descaso – da parte dela funcionou para mim como um mimo. Mas foi tão bom, no século XX, durante tanto tempo, compartilhar de uma relação de confiança mútua que não me importo com a irrealidade na qual ela ousou me manter, na qual gosto muito de ficar e a qual não tenho vontade de mudar.

Tivemos, tão somente, dois momentos de atrito. O primeiro foi quando ela resolveu mudar de casa. Saiu de seu lindo apartamento para uma casa no Brooklin. Foi uma bobagem dela que não deu certo. Em dois ou três anos ela voltou atrás. Lá no Brooklin só tinha uma coisa linda. Do divã eu via um pátio interno em cujo centro havia uma romãzeira, que volta e meia floria. Na semana da mudança para o Brooklin, ela continuou atendendo, apesar de já ter tirado as prateleiras que ficavam na parede em frente ao divã.

Nela estavam as marcas prévias da mudança por vir. Lembro bem que fiquei várias sessões brava com ela. Ela não me protegeu da insuportável sensação de morte que eu lia na parede descascada e desbotada. Por fim, mudamos.

Nas primeiras semanas, o caminho do portão até a sala de trabalho ainda não estava disponível. Passava-se por dentro da sua casa, pela sua mesa de comer. Um dia, vi posta uma mesa para dois e ela era só. Reclamei, em voz alta, que era muito descuido dela me perturbar com a visão daquela cena idílica de Édipo. Assim senti, assim reclamei. Ela me deu um pito em voz um pouco mais alta do que o comum. Quando voltamos, tive muita pena desse sonho dela que não dera certo.

No dia em que nós nos despedimos, comentei que ela nunca tinha me reajustado. Estávamos sentadas face a face nesse momento. Ela olhou nos meus olhos e perguntou atônita:

— Mas você aumentou, né?

Aí houve um abraço. Nosso único abraço.

Anos depois, Otávio Frias me pediu que fizesse uma entrevista com ela. Amarelei, como se diz. Chamei o Luiz Meyer para ir comigo. O contato de dona Virgínia com a realidade era esporádico e de curta duração. Assim mesmo, contou-nos algumas mágoas da mulher de cor que venceu entre brancos. Contou-nos de sua surpresa quando pela primeira vez, aos 6 anos, chamaram-na de "negrinha". Não sei se chamo o "negrinha" de estar ligada ou desligada. Não me consta que ela falasse muito sobre sua cor.

Quisera eu que esse encontro não tivesse ocorrido. Prefiro lembrar dela antes. Poderia escrever muito mais, mas isso é o que irrompe em minhas evocações.

Sei que a amei porque ao lado dela cresci, não só em seus acertos, não só na harmonia, mas também nos erros, nos descuidos e na maravilhosa distância que mantínhamos – e, tenho certeza, era o que ambas queríamos.

Psicanálise húngara:
um caso de transferência

Vejo-me aqui em Pest, de uma grande distância. Continuo com a visão de quem está além do oceano. São 54 anos de memória. Saí daqui no dia 21 de agosto de 1939. O trem partiu pela Áustria já anexada, a Iugoslávia, Trieste, Gênova. Daí o navio nos levou. Mas nunca fiquei longe daqui. Não me lembro de histórias que tenha vivido em Budapeste, mas tenho fotos de então na memória. Lembro-me abraçada a uma boneca na janela do trem na estação (do sul ou do oeste?). Vejo a família na plataforma. Há aí um deslocamento. Vejo-me do trem e vejo-me no trem. Parti, pois, e também fiquei.

Quisera ter dois arquivos de memória: um da que ficou e outro da que partiu; sempre flui indiferentemente de *itthon* (aqui em casa, ou neste país) até *otthon* (a casa de lá). Sempre confundi casa e pátria, como o faz nossa língua. Vir para casa, no meu pensar bilíngue, podia ser chegar a Budapeste ou entrar em minha casa em São Paulo.

A psicanálise como pensamento teórico chegou tarde à minha vida. Como estrutura mental que orienta o ver/perceber/elaborar, passa por vielas psicanalíticas. Como assim? Por acaso, minha família, desde a geração passada, sempre viveu no Krisztina Tér, região onde foi instalado o primeiro ambulatório psicanalítico e onde moravam muitos psicanalistas. E, pelo que entendi dos relatos nada específicos da minha mãe, muitas amiguinhas suas, colegas de escola, eram filhas de psicanalistas. Assim, a psicanálise era um jeito de conhecer. Na minha casa, nunca um tique, ou um lapso, ficou sem uma explicação adequadamente associada a mecanismos inconscientes que nós nem conhecíamos pelos nomes científicos. Mas a maneira de encarar os fatos da vida cotidiana traziam sempre o pressuposto de que nada era por acaso. Se não sabíamos apontar a causa, dizíamos que desconhecíamos a causa. Mas sabíamos – e expressávamos o conhecimento de – que havia uma causa, uma razão de ser, uma intenção no comportamento das pessoas. Eu diria que não saberia pensar se não houvesse a possibilidade de explicar por mecanismos inconscientes. Foi esse o leite que recebi para alimentar minha mente.

Voltei muitas vezes para cá depois da década de 1960. E a cada volta encontrava a política de saúde mental se transformando, o que percebi acompanhando o tratamento de um primo esquizofrênico cujo tratamento mudou com a sucessão de ideologias que passaram pelo país.

Gostaria de abordar alguns temas que, na observação e no estudo de minorias, têm me chamado atenção. Embora a Hungria seja um Estado soberano, ele o é apenas desde 1918. Em meus pensamentos, venho considerando minoria essa nação, apesar de ela contar com território variável conforme a época e seu dominador. A nação húngara tem incrível saudade do tempo em que seu território ia até o mar. Embora isso tenha durado pouco tempo. A Hungria que vejo como minoria, conforme disse, será ora personagem principal, ora coadjuvante neste trabalho sobre a psicanálise húngara vista por uma húngara psicanalista na Diáspora.

Pretendo focalizar aqui três temas aparentemente díspares, mas que no meu pensamento se completam: 1) a especificidade da penetração da psicanálise na Hungria como fenômeno de modernidade; 2) a importância da língua materna ou, como se diz modernamente, da língua da intimidade na manutenção da identidade das minorias; 3) a simetria da língua materna e da linguagem usada na intervenção da situação analítica.

Viena era logo ali, porém tão longe. Lá estava ela com sua coroa e o brasão dos Habsburgos, com suas duas águias indicando a pretensa igualdade das duas nações – a Áustria e a Hungria. Como sabemos, essa pseudoigualdade, mesmo ela, foi duramente conquistada.

De meados do século XV, quando a Áustria expulsou os turcos, até 1867, quando ganhou a condição de partícipe do brasão, a Hungria foi reconquistando seu espaço nacional. Essa dupla monarquia austro-húngara durou até 1918. É preciso dar ênfase à Lei das Nacionalidades, promulgada em 1868, pela qual a Hungria pôde usar a própria língua na administração central e na Universidade. E, como nação, ganhou território indivisível. Até então a língua húngara pertencia à vida privada e à rua.

Quando, em 1908, já ocorria a primeira reunião de psicanálise em Salzburgo, os húngaros ainda batalhavam pela sua identidade. Era difícil imaginar que os húngaros pudessem aceitar uma teoria da abrangência da psicanálise vinda da capital do Império do qual desejavam se separar.

Desde o século XIX os intelectuais húngaros mantinham luta surda pela libertação nacional, num esforço conjunto para completar a identidade moderna, pois suas raízes profundas e arcaicas demandavam modernização. Nesse momento, a autonomia era sinônimo de liberdade e ligação com o Ocidente. Essa modernidade, por motivos políticos, não podia vir de Viena, pois.

Em 1905, aconteceu em Budapeste um Congresso Antialcoolismo. Esse evento não teria qualquer repercussão e já estaria esquecido não fora Stein Fülöp, que apresentou um trabalho com visão psicanalítica, teoria com a qual tinha entrado em contato em Zurique. Em 1907, Ferenczi conheceu Jung por intermédio de Stein e Jung achou interessante que Ferenczi conhecesse Freud. Jung escreveu a este pedindo que recebesse Ferenczi e Stein.

A entrevista ocorreu em 2 de fevereiro de 1908. Ferenczi tinha lido Freud em 1893, mas não havia sentido sintonia.

Assim, pela Suíça, a psicanálise pôde ser aceita e posteriormente incorporada ao movimento de modernidade que visava à formação do Estado Nacional Húngaro.

A aceitação foi galopante. Poetas e trovadores, cientistas e filósofos aderiram a essa nova forma de pesquisa, ao mesmo tempo que procuravam por suas raízes arcaicas magiares.

Muitas vezes na história da Hungria, que conheço só superficialmente, percebo que movimentos aparentemente de submissão são na realidade procura de apoio para defesa da identidade.

A cristianização pode ser vista como sujeição ao poder papal ou também como recebimento de apoio em sua luta contra outras nações e tribos que atravessavam o seu território e punham em perigo seu maior tesouro: a unidade territorial na fértil bacia do Danúbio.

A incorporação da psicanálise não foi o domínio de um imperialismo intelectual importado da sede Viena, mas uma procura do

FRAGMENTOS DE UMA VIDA

Ocidente e de sua modernidade em um gesto forte da burguesia –
que assim procurava manter sua identidade nacional no momento
em que tinha como ameaça o afã germanizador da coroa austríaca.
Uma ideologia que vinha da Suíça era aceita com mais facilidade. Um ano depois do encontro com Freud, em 1909, Ferenczi já
tinha se ordenado psicanalista conhecido e seu ardoroso defensor.

Em 1913, já havia na Hungria um grupo psicanalítico oficial,
e a Primeira Guerra Mundial não conseguiu separar os psicanalistas, que continuaram trabalhando o mais junto possível. Freud
e Ferenczi encontraram-se várias vezes durante a guerra. Foi em
Budapeste que se abriu a primeira clínica para tratar neuróticos de
guerra, em 1918; outro húngaro encantado com a psicanálise doou
dinheiro para a instalação da primeira editora de psicanálise. O
Congresso de 1918 foi em Budapeste.

A psicanálise e a política socioeconômica andavam no mesmo
trilho na Hungria. Em poucos países ocorreu tal sincronia e contiguidade. Em Berlim, por um curto período, psicanálise e movimentos comunista e socialista caminharam em paralelo; o mesmo
ocorreu na Argentina e talvez se passe atualmente no Brasil.

Não tenho a menor intenção de ser precisa nesse resumo da
história da época. O que pretendo, sim, mostrar é que o psicanalista húngaro se encontra, ao ser inoculado pelas ideias de Freud e de
seus discípulos, numa situação singular. Sua transferência não será
com o Freud, pai da clínica psicanalítica, mas com a modernidade e
a libertação nacional, mesmo na condição de psicanalistas. Essa situação inédita – fruto de coincidências e acasos – torna a transformação e as descobertas em progresso e não em uma traição ao pai.

A psicanálise na Hungria se difundiu como um grande estuário cheio de pequenos rios e ilhas. Um foi para a antropologia, outro para a educação, escorreu um pouco de psicanálise para a prosa literária e muito dela invadiu a trama do cotidiano da burguesia local. Os psicanalistas húngaros eram vistos como ousados em seus experimentos, em suas afirmações, sobretudo pela difusão dessas ideias em outros campos. Repetindo, levanto a hipótese de que a transferência aqui foi com a modernidade e não com o pai severo Freud.

Deixemos de lado Ferenczi e seus problemas com Freud. Talvez até a dramaticidade que envolveu a relação tenha alertado seus contemporâneos para o perigo da dependência de grandes pais.

A fim de melhor engrenar a ideia acima exposta, preciso continuar com mais um pouquinho de história.

Apesar dos insistentes apelos de Freud para que os psicanalistas húngaros se mantivessem reservados quanto à política, isso foi impossível. A psicanálise estava por demais atrelada aos movimentos libertadores. Não era possível não participar da vitória: Estado soberano finalmente conquistado (1918) e República dos Conselhos de Béla Kun (1919).

Estavam todos juntos, no mesmo movimento impregnado de modernidade. A psicanálise, que durante a República dos Conselhos tinha conquistado espaço nos hospitais e nas universidades, vai perdê-lo e entrar oficiosamente numa semiclandestinidade quando da derrocada de Béla Kun. Finda a República, a nação húngara tornou-se estado totalitário, sectário e expressamente antissemita. Os psicanalistas, arautos da modernidade, que contavam em suas fileiras com muitos judeus e haviam conquistado a luz, foram para a sombra, onde encontraram uma liberdade tolerada, mas nunca mais garantida.

No pós-guerra, Ferenczi foi um protetor em torno de cujo nome girou a psicanálise na Hungria. Mas não se tratava de um movimento centralizado, uma vez que as teorias psicanalíticas não se restringiam ao âmbito da clínica. E, sobre a influência que exerciam nos outros campos do conhecimento, naturalmente as relações transferenciais tinham uma influência secundária.

Se de um lado Ferenczi manteve uma relação íntima – e até de obediência – com Freud, de outro teve sua liberdade garantida pelo caráter diferente do movimento psicanalítico húngaro, que, como vimos, estava mais identificado com as mudanças socioculturais do que com uma figura pessoal. Para Ferenczi, a técnica não era o limite. O paciente merecia uma expansão da técnica, um "tudo tentar" na direção da cura.

Diríamos, pois, que os húngaros não foram filhos de Freud, mas filhos diletos da psicanálise – que, aliás, foi espalhada por eles pelos quatro cantos da Terra em seus sucessivos êxodos.

Não podemos falar de uma escola húngara, uma vez que os interesses de seus membros foram sempre tão heterogêneos. A doutora Lívia Nemes, discípula de Herman Imre, disse no Brasil que a psicanálise húngara seria uma ótica, não um grupo. E foi mais ou menos essa ótica que me levou a pensar numa transferência com movimentos sociais e não com uma pessoa.

A origem judaica de quase todos levou-os a uma primeira dispersão na década de 1930, fugindo do nazismo, e a outra, depois da Segunda Guerra, fugindo do comunismo.

Depois da Segunda Guerra, o stalinismo encontrou uma sociedade de psicanálise viva, porém esvaziada. Muitos caciques e poucos índios. Mais uma vez, a psicanálise se escondeu, como em

1919, aguardando melhores dias. Em 1948 a Sociedade foi oficialmente fechada, embora o exercício da psicanálise na Hungria não fosse totalmente clandestino, uma vez que a prática particular na medicina nunca foi totalmente abolida. No entanto, o contato com a psicanálise no exterior extinguiu-se. Por mais de 20 anos a psicanálise manteve-se na sombra, e daí seguiram-se as etapas comuns para a formação de uma nova sociedade que, em 1989, terminou com a volta à International Psychoanalytical Association (IPA).

O absolutismo e o totalitarismo que dominaram o século XX durante tantos anos foram inimigos fidalgais da criatividade e da autonomia, fosse social, nacional ou pessoal. O caráter inovador que é a própria essência da psicanálise a torna inimiga nata de qualquer regime totalitário. Ser analista é estar livre diante do paciente. Ditando regras não se analisa.

Quero focalizar agora o segundo tema que me disponho a apresentar: o da língua da intimidade ou língua materna.

Esse povo que viveu sob regimes coloniais, totalitários, numa eterna luta pela autonomia nacional, travava no campo da língua uma guerra à parte.

Como vimos, até 1867 a língua húngara era exclusivamente do lar e das relações coloquiais de rua ou de grupos informais. A Administração, o Direito, a Ciência eram praticados em latim e alemão.

As línguas formais e profissionais evitam ambiguidade em seu desenvolvimento e maturação. Elas devem transmitir leis, ideias, regras para muitos, com o máximo de concisão e precisão, pois seu objetivo era obediência e conformismo. Manter o objetivo de equalizar. Para tanto, serviu o latim com grande eficiência por muitos séculos, tanto ao Império Romano como ao Vaticano. Assim fora antigamente com o grego, bem como nos últimos dois séculos com o alemão na Europa.

Quando o objetivo de uma língua é o comando, ela vai gerando uma sintaxe adequada a essa função. Como língua viva que é, adapta-se às necessidades de seus usuários.

Já a língua materna ou da intimidade exerce, em todos os lugares, outra função. É por meio dela que mantemos a coesão dos grupos, a uniformidade dos interesses, das ambições e dos valores.

Pretendo aqui falar sobre o falar e deparo com uma tarefa difícil. Anseio fazer já o que proponho. Um virtuosismo no dizer, um informar emocionado enquanto clima de intimidade é mantido, convencendo sem intimidar. Gostaria que o que venha a dizer, apesar de coloquial, não perdesse a seriedade, para que a importância que atribuo a esse tema não fique prejudicada. E, enquanto não chego a um discurso para mim satisfatório, vou vagando pelas metáforas, sincronias, correlações e analogias, tropeçando nas simetrias, no anseio de infinito.

No próximo item, pretendo comparar o húngaro, língua materna ou da intimidade pela própria história, com as intervenções verbais na situação analítica.

Com um minuto de reflexão percebo a diferença em um mesmo idioma entre o que se fala em casa e o que é escrito sobre o mesmo tema num Código de Direito ou num livro religioso. A linguagem materna ou da intimidade precisa despertar durante a comunicação o mínimo de resistência, uma vez que não conta com o poder de imposição do Estado. Essa língua do lar, da infância, do amor é uma construção complexa, que se caracteriza pela flexibilidade e pela capacidade de conter imprecisões e ambiguidades sem desviar-se de seu objetivo. Muito pelo contrário, tem toda liberdade para recorrer a recursos expressivos.

É uma linguagem em constante transformação na forma de neologismos, diminutivos, apelidos, uma vez que chegar ao consenso e não à obediência é o objetivo do diálogo. Como a Hungria não desenvolveu a língua do poder, por não ter tido ocasião de usá-lo, a ciência, em húngaro, é perpassada pelas características da língua materna, incluindo o humor.

Lembro-me da história que me contavam sobre meu nome. Meus pais escolheram para mim, quando acabara de nascer, um nome muito comum na linguagem falada na Hungria: *Panni*, que, segundo me consta, é um antigo nome da mitologia magiar. Mas a escolha de nomes em 1935 estava sob domínio da Igreja, que exigia que os nomes dados às crianças pertencessem à sua tradição. Como nenhuma magiar com esse nome fez o suficiente para ser canonizada pela Igreja, ele não consta do calendário. Meu pai ou não sabia ou se esqueceu, e foi ao cartório. Ao lhe perguntarem o nome da criança, declarou: *Panni*.

O escrivão, que naquele momento representava a cristianização (realizada no ano 1.000), disse-lhe que aquele nome não existia; que ele escolhesse um nome do calendário ou da Bíblia. Mas meu pai conhecia muitas Pannis e então, muito naturalmente, perguntou ao representante da cristandade qual era o nome dado às Pannis. O tabelião respondeu que era Anna. Então meu pai, que por acaso estava lendo *Ann Veronica*, de H. G. Wells, decidiu: *Anna Veronica*. E cá estou eu.

Nesse episódio encontramos alguns elementos da interação de várias culturas e seus respectivos idiomas e funções. O latim, que veio montado no cristianismo, esforça-se por manter seu poder na vida civil pública, não permitindo no seu cenáculo a infiltração de palavras bárbaras. O húngaro sempre quis manter os nomes antigos, mas a burocracia se opunha, apesar da ausência do poder do Vaticano. Até ser alfabetizada, eu era *Panni*. Na escola, passei a portar o nome do poder: Anna Veronica. E as Marias são *Manci*, e os Andrés são *Bandi*, e os Estevãos são *Pista*. E assim permaneceu a cultura pagã: ora entrelaçada, ora à margem da cultura escrita, latina, civilizada, estatal.

E foi nesse momento de encontro de duas culturas maduras, uma muito antiga, só falada, e a outra impressa, que surgiram Ferenczi, Freud, Balint, Róheim etc.

A sexualidade vivida na intimidade dos lares ou dos bordéis escapava à homogeneização burocrática. E a psicanálise fala de tudo aquilo que ocorre longe das forças formais das burocracias estatais. Quando a psicanálise resolve imprimir o falado, ocorre um choque cultural que também ocorreu quando da tradução da psicanálise para as línguas poderosas, anglo-saxãs, que estavam politicamente do lado oposto da germanização.

Foi na língua da intimidade que permaneceram os valores pagãos, dionisíacos, das grandes festas, da música e de uma relação diferente com a culpa. No lar, já interpenetrado pelo cristianismo, o pecado não era de todo desprezado, pois de certa forma participava da tradição pagã também infiltrada na sintaxe da língua materna.

Vejamos quantas forças estão em ação. O paganismo não quer ser apagado. Permanece nos usos e nas lendas domésticas e nas festas tradicionais, no folclore. Mas o húngaro queria transformar-se em Estado independente, e para tanto sua língua tinha de sofrer uma transformação. Precisava sair da sombra do lar para a claridade da Ágora.

Necessitava tornar-se uma língua da ciência, dos negócios, do direito, das relações internacionais. Resquícios do velho poder do Vaticano e até mesmo do Império Romano, na importância do velho latim e do grego na escola secundária. O público e o privado digladiavam-se por um espaço na língua falada e na língua escrita. Nesse momento surge a psicanálise, cujo assunto é o da língua materna, cujo espaço é público, pois pretendia um espaço entre as ciências.

Assim, o húngaro, que até há muito tempo era a língua do amor, da ternura, da paixão, da briga e das blasfêmias, precisou se transmutar em língua de mando e não apenas de convencimento. E, como vimos, nesse momento em que a língua se tornou oficial chegou a psicanálise com foros de ciência.

Não sei como se deu essa passagem, mas imagino que uma língua que por mais de 2 mil anos esteve quase hermeticamente separada da vida pública tenha obviamente mantido imensos recursos, tanto para o relato quanto para a interpretação das querelas do dia a dia, da pequena dor, das desfeitas, das vergonhas que ocupam a maior parte dos relatos dos analisandos e das interpretações dos analistas.

O último tema a que me propus vem se delineando desde os últimos parágrafos. Além da minha hipótese de que a transferência na instituição psicanalítica húngara seja específica, diferentemente da transferência nos outros grupos europeus, quero agora acrescentar um comentário referente à adequação do processo de transformação da língua húngara ao que se define como forma ideal de intervenção na situação analítica. Como já disse, a psicanálise, pelo caminho que fez para chegar à Hungria, e pelo momento em que chegou, encontrou pouca resistência em sua difusão pela cultura local.

Vou acrescentar mais um ponto curioso. O caráter provinciano da cosmopolita Budapeste mantinha o espírito dos velhos médicos de família. Os médicos/cientistas estariam nas grandes capitais, que eram os grandes centros de ciência: Paris, Londres, Zurique, Viena. Em Budapeste, um médico era primordialmente médico e tinha a responsabilidade de curar, de atenuar o sofrimento. Daí diríamos que as pessoas que foram tocadas pela psicanálise e se mantiveram em atividade clínica assumiam pesquisas e experimentos com vistas a curar. Daí a justificativa, talvez, para a ousadia dos experimentos.

O médico de família embasa sua atividade numa empatia com o universo de sensações de seu paciente. Foi exatamente essa empatia que encontrou na língua húngara um instrumento fantástico de comunicação. Em seu *Diário clínico*, seu último escrito, Ferenczi afirma que o analista capta pela empatia, digere e elabora pela capacidade simpática, isto é, pela capacidade de compartilhar os sentimentos de medo, abandono etc. Os medos infantis, as ilusões sobre o futuro, sobre a abrangência de nosso poder de transformar a vida também encontram na língua húngara amplos recursos, uma vez que foi nesse campo que ela se manteve até cem anos atrás.

Se a psicanálise pretende transformar as sequelas deixadas pelas vivências primárias, que outra língua se adaptaria melhor senão aquela que há tantos séculos lidava com o universo das fantasias infantis transformadas em cultura popular? E não vou deixar vocês me desdizerem só porque não falo do iídiche que Freud renegava, mas carregava em sua história.

Poderíamos perguntar também por que os curdos não abraçaram a psicanálise. E os catalães, por que não o fizeram? Língua materna ou da intimidade eles têm. Então é preciso voltar ao começo deste texto.

A Hungria não era um Estado, mas uma nação. Dominada, porém vizinha da capital imperial. Budapeste era cosmopolita e provinciana. Ficava muito longe e, ao mesmo tempo, muito perto de Viena.

Lenta jornada até Lacan

No fim de 1993 e início de 1994, como se faz no hemisfério Sul, tivemos férias de verão. Meu roteiro percorreu as praias de Picinguaba, Camburi e Guarujá. Levei comigo muitos livros, revistas e CDs. Por aí já se vê a intenção da viagem: ler com prazer o que ficara atrasado ao longo de um ano.

Depois de me pôr em dia com o *New York Books Review* e com o "Livres", do *Le Monde* – todos bem uns seis números atrasados –, ainda me encontrava em Picinguaba. O que viria a seguir? Olhei de banda para um enorme tijolo branco onde, em letras pretas, estava escrito: Elisabeth Roudinesco. E, logo abaixo, com letras vermelhas: *Jacques Lacan — Esquisse d'une vie, histoire d'un systhème de pensée.* Pensei com meus botões, depois do meu olhar de banda, que o livro era pesado demais, grande demais para carregar para a rede, para a praia, para o quarto, pro terraço. E eu, que sempre dissera que Lacan era insuportável pelo seu estilo complicado, que considero desrespeitoso para com o leitor, estava disposta a dedicar-lhe férias, quem sabe, inteiras... Mais pra lá do que pra cá, resolvi enfrentar. E qual não foi minha surpresa quando comecei a gostar! Sabia que não estava lendo Lacan, mas Roudinesco, que escreve solto, fluente, criando até momentos de suspense, sem contudo exagerar. E fui lendo as primeiras páginas que falavam sobre queijeiros e vinagreiros do interior da França. Nessas primeiras páginas, nem mesmo o nome Lacan aparecia. Nas próximas, comecei a duvidar de meus olhos. Fui ao sumário, para ver se não estava enganada. Não, era isso mesmo... Começamos com a família Dessaux, e só lá pela página 23 é que Lacan – Émile – aparece. Trata-se do avô do nosso Jacques, um cidadão que lidava com *draps et épiceries*. Nessa geração casaram-se vinagreiros com *drapiers et épiciers,* que tiveram filhos e netos. O nosso Jacques é um dos netos.

Desde as primeiras linhas do livro percebemos estar entrando num mar de conflitos. Roudinesco se debate entre amor e ódio, admiração e desprezo. É fundamentalmente de uma intolerância absoluta com os defeitos de Lacan; não lhe permite deslizes – nem grandes nem pequenos. Pelo que ela diz em 600 páginas de livro, Lacan tinha muito defeito. Mas, de qualquer forma, mereceu de sua parte 600 páginas...

Se quisermos ser muito maldosos e estivermos dispostos a desqualificar o livro, diríamos que a autora rapou o fundo das gavetas de sua obra anterior em dois volumes – *Histoire de la psychanalyse en France.* Teria juntado tudo, amarrado e, acrescentando suas ironias sobre as inadmissíveis fraquezas de Lacan, feito um livro. E ei-lo pronto! Que assim tivesse sido, ainda teria dado um imenso trabalho, porque remontar 600 páginas de material já usado pode dar mais trabalho do que criar um livro novo. Qualquer pessoa que já se propôs a tarefa semelhante sabe o horror que é! Roudinesco analisa a relação de Lacan com a família, os amigos, mulheres, medicina, psiquiatria... passo a passo. A trança Lacan, história da França e história da psicanálise é seguida por Roudinesco até a morte de Lacan. Compaixão só vai aparecer quando ela relata os últimos meses ou anos, quando o vaidoso Lacan foi subjugado por seu "terrível" genro, Jacques-Alain Miller. Nesse momento – em que havia um torturador presente –, o coração de Roudinesco se apieda. Piedade a Lacan e ódio a Miller.

A vida de Lacan por sua inimiga – pois considerando seu enfoque só pode ser inimiga – e apaixonada – pois só uma paixão pode levar a tamanha intolerância – é fascinante. Minhas férias nas praias do litoral norte de São Paulo se passaram, na verdade, no número 5 da rue Dauphine. Um pouco em Saint Germain de Prés, um pouco na Provence. Foi, enfim, por onde andou Lacan.

As minhas férias do verão 93/94 – quem diria! – passei-as com Lacan! Seguindo os olhos de Roudinesco, também me locupletei nos defeitos que tornavam ridícula sua mesquinharia de colecionador; no uso estranho que fazia do tempo; nos seus aprontes com as mulheres com as quais não sabia nem o que fazer... Senti-me solidária com o medo que parecia acompanhá-lo toda vez que tinha de se expor – embora seja sempre descrito como exibicionista. São esses paradoxos que Roudinesco coloca muito claros, com todos os detalhes necessários para entender o intrincado da vida e da personalidade de Lacan. Precisamos de muitos fatos e provas para entender como um homem tão exibicionista tantas vezes permaneceu indefinido, em cima do muro, não por falta de ideias, mas por alguma outra emoção que o dominava – segundo Roudinesco, era medo. Entendi que a autora o recrimina por colocar as próprias ideias na obra de outros. Nada melhor para Lacan, segundo ela, do que deslocar suas ideias para o trecho obscuro da obra de um terceiro e depois dizer-se redescobridor, pesquisador – mas não inventor. Descubro ao longo do livro, em vários momentos, insinuações de que Lacan temia apresentar-se à luz com as próprias descobertas. Em alguns momentos, chega-se a entender que a complexidade dos textos de Lacan seria um disfarce cuja função era evitar a apresentação clara das ideias do autor. Concluí que quando finalmente uma ideia de Lacan vai a prelo, ele prefere que nos enrosquemos no intrincado de sua linguagem antes que compreendamos seus pensamentos. Se chegarmos a eles rapidamente, talvez discordemos.

Ambiguidades de um gênio inseguro de sua genialidade.

Recebi de Roudinesco um Lacan no qual convivem o arrogante e o humilde (modesto nunca!), sem que jamais apareça o ter-se proibido dimensionar-se.

Era um visitante silencioso nas mesas e nas reuniões da intelectualidade parisiense. Parecia falar pouco, e mesmo assim os que o conheciam na época de Bonneval o julgavam arrogante. Esse que nunca publicava era o mesmo que pedia, por intermédio de seu irmão Marcel – alto clérigo da Igreja –, audiência com o Santo Padre para fortalecer sua posição num futuro encontro da IPA. Marcel nem ao menos pediu essa audiência desmedidamente despropositada. E o pior é que, segundo Roudinesco, ele se surpreendeu de não ter sido recebido.

Uma amiga minha – que nem psicóloga é, apenas culta e informada – veio me perguntar qual era a da Roudinesco, tão fofoqueira. De fato, não perdoa gafe, malfeitos, indecisões, muito menos as falhas de caráter de Lacan, como verificamos na longa exposição sobre o período entre seu primeiro e seu segundo casamento, em que ele foi bígamo, o que dificultou o registro de sua filha Judith. A julgar pelas informações da autora, Lacan fazia alianças, não amizades. Aliava-se para ouvir de viva-voz o pensamento dos maiores autores de sua época. Para ouvir, tinha de estabelecer convívio. Aparentemente, não é o lado mundano de Lacan que se destaca no livro, mas aquele em que aproveita o *setting* mundano para ouvir. Ele queria falar e ouvir: Heidegger, Merleau-Ponty, Lévi-Strauss, Saussure, Chomsky. Era frequentador assíduo de aulas, conferências e seminários. Durante anos assistiu a seminários de Koyré e Kojève. Apreciava, pelo visto, a comunicação oral. Parece que o *Viva-voz* lhe falava mais ao espírito do que *Obras completas*. Ler sua biografia é entrar na história da cultura francesa a partir da década de 1930.

Lacan viveu inúmeras lealdades sucessivas. De Spinoza – do seu tempo de estudante – aos surrealistas e fenomenólogos, sempre uma sucessão de crença e amor. Acreditava com paixão. E ia seguindo de aliança em aliança, ou, segundo Roudinesco, de autor em autor.

E aqui digo eu: que outro psicanalista conhecemos cuja vida tenha sido um atravessar de toda uma cultura, de Dalí a Bataille, de Heidegger a Sartre, passando por Hegel, Espinoza, Lévi-Strauss, Saussure, Jakobson, Chomsky? Sempre absorvendo, sempre apaixonado, sempre suscetível a esse furacão de influências. Que outro psicanalista?

Não lhe faltaram influências diretas no trabalho analítico em si. Mas a sua grande briga no campo da psicanálise ficou em torno de uma de suas deficiências. Não tinha paciência de permanecer os 50 minutos regulares sentado, ouvindo. As considerações em torno do tempo lógico ficaram encerradas na real dificuldade de escutar. Mas se ele só escutava! Paradoxo... Para Roudinesco, não era falta de paciência, não: era impossibilidade de rejeitar pacientes e necessidade de ter "todos" na sua lista sem prejudicar as outras escutas. Essas *outras escutas* eram as dos intelectuais que o alimentavam.

Depois de muitas batalhas, a IPA vence. A sessão de psicanálise, decreta-se em Londres, deve ter 50 minutos! E ele não conseguia... Mas terá sido esse o grande desvio de Lacan? Se sim, por que perder tanto tempo com ele? Segundo Roudinesco, Lacan teria feito um grande deslocamento no terreno do objeto da psicanálise, embora a autora não destaque esse ponto. Mas ela não poderia deixar de falar sobre as palavras, a linguagem, o vínculo de compreensão e de sentido que em Lacan passam a ser o objeto focalizado, diferentemente de toda a psicanálise, que estuda o aparelho psíquico do homem – aparelho este capaz de gerar sentido. Já Lacan diria que os sentidos tornam humano o aparelho psíquico. Esse grande tema – a revolução galileana – Roudinesco insinua, apresenta, mas não tem vontade de destacar. Prefere alongar-se nas disputas burocráticas em torno de número de clientes, tempo da sessão e outras querelas.

A questão da oralidade também é apontada por Roudinesco, mas vem dissipada por todo o livro, assim como o tema galileano. Lacan queria o *Viva-voz* e comunicava-se a *viva-voz*. Lacan não queria escrever: queria falar, seguindo a tradição dos dois mestres russos que lhe ensinaram Hegel: Koyré e Kojève. Os dois deram aulas na Sorbonne durante anos, as quais Lacan seguiu também por muitos anos. Segundo a autora, Lacan parecia pensar ser possível captar a erudição dos outros sem que isso o impedisse de elaborar ideias próprias, apresentadas nos seus seminários – que também duravam anos e anos. As anotações feitas nesses seminários circularam durante um longo tempo. Algumas tinham até ares de oficiosas, isto é, parecia que ele as aprovara. Quando, em 1965, saiu seu primeiro livro, as anotações foram relegadas ao esquecimento, embora tenham sido a única forma da obra de Lacan disponível durante décadas àqueles que não assistiam a seus seminários e queriam conhecê-lo. É realmente muito estranho para qualquer um de nós que um intelectual do porte de Lacan tenha demorado tanto para dar o *imprimatur* às suas ideias.

Na lista das obras de Lacan predominam por páginas e páginas as contribuições orais em reuniões, congressos, simpósios. Sempre oral. Roudinesco dedica um longo capítulo às peripécias de François Wahl, editor da Seuil que trabalhou o texto de Lacan até sua impressão. Os textos dos *Écrits*, segundo Roudinesco, passaram longos períodos entre a Seuil e o número 5 da rue Dauphine. As obras seguintes de Lacan foram revistas por Allain Miller, marido de Judith, filha de Jacques com Sylvie Bataille. Exatamente aquela cujo registro gerou tantos problemas...

Repetindo-me: ambiguidades de um gênio inseguro de sua genialidade.

Eu poderia escrever muito mais sobre o tijolão, mas creio ter dado uma pincelada a respeito do que foi ler esse livro da praia para a piscina; do terraço para o quarto, ao som de muitos CDs. Num sábado, às 16h, antevéspera do fim das férias, acabei o livro. Apesar dos venenos de dona Elisabeth, gostei de conhecer as entranhas do grande homem.

Hoje quero viajar comigo

Hoje quero viajar um pouco comigo mesma, evocando lugares já vistos e não esquecidos. Quero vagar pelo tempo livre que usei para ver alguns pedaços deste vasto mundo. Quero refazer o meu mundo, meu lazer e ócio, que são momentos de minha liberdade. Ignorarei propositadamente certas injunções que atrapalham o exercício dessa liberdade. O nosso mundo real e o nosso mundo de sonhos e fantasia têm muitos pontos em comum. Vontades e desejos conscientes ganham cor, diversão e intensidade de acordo com tudo que já vivemos, lembramos e esquecemos. Agora eu vou continuar a viajar. Planejar uma viagem, sonhar com ela se constitui de um tanto de curiosidade e de uma grande vontade de verificar, *in loco*, se o sonhado é igual ou só parecido com o que vamos encontrar. Viajar, fazer turismo é fazer teste de realidade. Viajar é sempre um risco.

Quero contar do que vivi viajando, fui confirmando, surpreendendo-me, decepcionando-me. A angústia e a alegria fazem parte dos testes de realidade.

Começo com Samarcanda, com a qual sonhei por décadas. Sempre me pareceu uma realização impossível. Meu primeiro contato com esse nome se deu por intermédio de Eça de Queiroz. Um ponto perdido na Rota da Seda. Anos depois, vi um *slide* da praça de Registan, ponto central de Samarcanda. Chegar lá pessoalmente era improvável, pois a União Soviética não facilitava o turismo pelas suas Repúblicas distantes. O Uzbequistão era uma dessas longínquas Repúblicas Soviéticas. Não sei por quê, falei do meu sonho de ir a Samarcanda a Elias Rocha Barros, que já tinha ouvido falar de pacotes turísticos que a incluíam entre um colar de outras cidades. Não titubeei. Estava em Londres, encurtei minha estada. Para ir a Samarcanda, tive de conhecer de lambuja Tashkent, Alma-Ata, Bucara, Moscou e São Petersburgo. Samarcanda não me decepcionou nem me surpreendeu. Perplexidade descreve melhor minha experiência. Até hoje sonho com um retorno, de preferência em lua cheia, como foi quando estive lá. Nesse momento, as abóbadas azuis dos templos de Registan viram prata. É assim: luz prata, espaço, horizonte. Os mosaicos azuis de Samarcanda marcam a memória como se fora ferro em brasa.

Como eu disse, o pacote incluía muitas outras cidades das quais me restou bem menos do que de Registan. De Moscou não perderei jamais a lembrança das mãos de Lênin. A praça Vermelha não deixa ninguém indiferente. Do que hoje é São Petersburgo – e já foi Stalingrado e Leningrado –, marcou-me a sua cor igual à de Siena. Ficou a estranheza que senti diante de suas estátuas equestres, nas quais os cavalos estão sempre empinados e guia nenhum soube me explicar por quê. O povo russo pareceu-me impenetrável. De Alma-Ata ficou-me a lembrança do que não comprei. Desejei intensamente um casaco de pelo de lobo, todo preto com alguns pelos brancos, maravilhosamente espalhados. O preço era ridiculamente baixo – US\$ 1.000. Era também horrivelmente malcortado, mas divino ao toque. Não me perdoo por não ter comprado aquele casaco que eu jamais usaria, mas queria muito ter. Eis uma posse desejada! Não comprei. Me arrependi.

*

Certa vez, em outro ano, fiz mais uma viagem em direção à luz e à cor. Fui ao Sinai. Eu, que pensava num deserto monocromático, deparei com os múltiplos matizes de um colorido que estava lá para quem quisesse ver. Em grande angular, o deserto traz duas cores: a de seu solo e a de seu céu que se encontram na linha do horizonte. Se o olho perscrutar detalhes, perceberá que a cor do solo é a resultante das mil cores que se escondem entre seus grãos de areia.

Nascia o sol e eu já estava no alto do monte Sinai, por cima do Mosteiro de Santa Catarina, construído no século VI. O sol lança uma língua de fogo que vai lentamente lambendo o deserto. Moisés e Deus escolheram bem o lugar de seu encontro na Terra.

Rondo sempre à procura da cor, da luz e do horizonte, e às vezes os encontro, como o fiz no Sinai. A luz e as cores de Paris, em abril, têm uma nitidez de tirar o fôlego. É a famosa *luminosité de l'Île de France*. Pensando em Londres, não vejo cor, mas interiores, ou labaredas de lareira fazendo sombra nas paredes quase negras. Será que existe no mundo alguém que se canse de chegar ao Rio de Janeiro de avião? Morei lá antes que transferissem o morro de Santo Antônio para o fundo da Baía de Guanabara para fazer o Aterro. Ia de bonde todo dia de Copacabana à Cinelândia. Era jovem, mas mesmo assim me embevecia diariamente. Manuel Bandeira morava num apartamento no Castelo com vista para a baía da Guanabara, Pão de Açúcar e o vasto mar. Sua cama ficava em frente a uma janela que lhe garantia aquela vista perpétua. Quem tem Glória, Flamengo, Botafogo, Urca, Pão de Açúcar diante de si toda vez que levanta o olhar não passa incólume a esse assédio visual, que não pede explicação. E é isto justamente o que mais gosto em Manuel Bandeira: a impressão que ele não explica, apenas me dá.

E, quando o carro vai se aproximando de Diamantina e lapas e mais lapas surgem em rompantes rasgando as terras do cerrado, o que vemos não é a mente de Guimarães Rosa gerando a si própria?

Nem sempre é preciso ir até Samarcanda para fazer nossa retina gozar de puro gozo. Indo de Três Corações a São Tomé das Letras, pela secura granítica da região, mergulhamos no gozo de captar, de um só lance, 360 graus sem nem mesmo estarmos no alto de um morro qualquer. Ter visão de 360 graus em picos não é vantagem. Eu amo horizonte, procuro-o sempre, apesar de não ser claustrofóbica. Quando ele desponta ao longe, de supetão, sem estar previsto, toma-me o transe. Horizonte "nas estepes", "no cerrado" é surpresa, muito diferente de quando galgamos alturas à procura dele.

Nem sempre é preciso viajar de corpo presente para enriquecer a memória visual. Imagens podem ser sonhadas e, se formos suficientemente inteligentes e acreditarmos em nós mesmos, podemos, às vezes, dispensar o deslocamento. Mas numa viagem sempre encontramos também o que não previmos. A surpresa não pode ser sonhada, pois só sonhamos o que conhecemos. Samarcanda foi mais do que eu esperava. Sua praça central, absolutamente simétrica, não foi o que meu *slide* original prometeu. As fotografias, as lentes das máquinas limitam a visão. A praça Vermelha, que eu conhecia de muitas fotos, é muito mais do que todas as fotografias podem mostrar. O quadrado de Trancoso, que tem o mar por horizonte, é impossível captar em película, só vendo. A vista que se tem olhando da porta do Louvre para o Arco do Triunfo só é encontrada pelos que, como eu, estão à cata do lugar distante onde o céu e a terra se encontram – no horizonte. Visto da porta do Louvre, o Arco do Triunfo é o limite da Terra.

Lembro-me de uma vez em que fui à zona leste de São Paulo, há muitos anos. Estava perto da rua do Hipódromo e pensei: quem nasce e cresce aqui tem de inventar horizontes na vida, porque o horizonte da paisagem não é visível. Eu entendo que ninguém, nem árabes nem judeus, queira desistir de Jerusalém. Ir chegando à Cidade Santa, vindo de qualquer de seus lados, estar nos montes que circundam Jerusalém por onde caminhou Jesus Cristo é

FRAGMENTOS DE UMA VIDA

equilibrar-se no horizonte. Só estando lá para saber o que é isso. Por estas minhas palavras, dedilhadas no computador, não posso expressar o que é estar no horizonte. Só mesmo estando.

A vista de Delfos para o mar desperta uma sensação de estranheza. O mar está lá embaixo, a encosta é prateada (de oliveiras), quase na vertical. Esse mar logo ali, debaixo do meu olhar, é o horizonte, tão diferente da vista do mar a partir da Serra do Mar, aqui nossa vizinha. Em Delfos, o horizonte é o limite do olhar dos homens, não da natureza. Quem sabe não era isso que permitia às pitonisas, do alto de seus oráculos, desvendar o futuro dos homens. Do templo de Apolo ou do templo de Atena, o horizonte é a terra que inclui os caminhos trilhados por Édipo.

Não conheço o mundo todo, nem terei tempo de conhecê-lo, mas sei que gostaria de ter podido me surpreender algumas vezes mais. A Samarcanda gostaria de voltar. Ao deserto da Mongólia gostaria de chegar pelo Transiberiano. Sinto, imagino, visualizo sem nunca ter estado lá, como se ali fosse uma paisagem cinzenta, porém luminosa. Gostaria de zanzar pela Mongólia um belo dia.

Gostaria de retornar a Diamantina, quisera refazer o caminho para São Tomé das Letras! No meu currículo de desertos e luzes, falta ainda Atacama, para onde eu talvez não vá nesta vida, mas do qual não me esqueceria. Assim como não esqueci da pradaria americana entre Kansas City e as Rochosas. De dentro do trem assisti à lua cheia pintando de rosa toda a minha cabine, nascendo e se pondo, enquanto eu tremia de medo de que o trem mudasse de direção e da lua só ficasse a luz. Não aconteceu: a lua foi de uma ponta à outra da minha janela enquanto eu lia Elizabeth Bishop. Foram duas noites, duas luas, nenhum som. As minhas viagens

não são sonoras nem compartilhadas. O trem, por exemplo, tinha um *lounge* ao qual nunca fui, nem na viagem de ida, nem na viagem de volta. Atravessar a pradaria foi surpresa não sonhada.

Sei que outras pessoas sonham sons, gentes. Viajei bastante sem saber que a luz e a cor eram o que eu queria guardar.

De Roma, amo mais a vista das colinas do que o que se vê olhando para o alto, para o céu, para as cúpulas que nos atropelam ao chegar à praça de São Pedro. A vista da semicolina do Capitólio, com sua estátua equestre de Michelangelo, nos dá em miúdo o que eu imagino que a Mongólia me daria no atacado. Muita gente diz que viaja para conhecer povos. Eu sou diferente, procuro as cores. Não é bem exatamente uma paisagem.

Queria também chegar até a Quirguízia, e quando me perguntam por que respondo com minha limitada verdade: anseio ver o Himalaia do lado de lá. A vista do Himalaia a partir do Nepal não me encanta. Quero vê-la do planalto.

Quero do Brasil os cerrados e os pampas. Das obras dos homens, prefiro as praças que descerram horizontes. Do mundo quero a luz e do acaso quero o arco-íris e o luar de lua cheia da planície. Da água do planeta gosto mais da sensação do mergulho do que de sua visão. Adoro nadar. É preciso subir de Antígua para Chichicastenango, passando pela Lagoa de Atitlán, para rever a transparência do ar de Paris em abril. Os vulcões da Guatemala muitas vezes são apenas horizontes que não assustam. No centro do México, em Oaxaca, na praça de San Albán, a grama rasteira não perturba a visão das ruínas das desgastadas pirâmides. Para quem nasceu em Budapeste, que é uma linda cidade sem horizonte, até que faz sentido essa ânsia por um espaço sem a marca do tempo.

Budapeste é rio e vale. O horizonte é um limite dado pelo tempo. É um fenômeno temporal.

O horizonte é liquefeito – fugaz como o instante.

*

Pela janela do avião, quando temos terra à vista, corremos atrás do horizonte. Quando você tiver esse horizonte liquefeito e fugaz diante dos olhos, lembre-se de que é parecido com a Delfos que as pitonisas viam. Horizonte lá embaixo.

Minhas raízes judias: das razões do orgulho e do zelo

Ser judia é gostoso — disse a neta de uma amiga que só conhece do judaísmo as comidas tradicionais que a avó faz. Das festas só ficou a comida. A reza desapareceu. Para a novíssima geração, ser judeu é comer comida gostosa. Gostoso.

Tateando pelos meandros da minha mente à procura de memórias e informações relativas à minha identidade de judia, deparei com três temas, dos quais o mais importante é o da exclusão, seguido de um estado de ânimo especialmente comum na nossa vivência – unheimlich keit – e, ainda, do destino de certas ideias que vagueiam, meio sem sentido, pela minha consciência.

Farei constar tentativas de explicação para os fatos e para os fiapos de memória, com o mínimo de preocupação com linearidade, cronologia ou lógica.

Ao leitor peço desculpas por essa aparente falha. Que se culpem minhas lembranças, que por natureza são livre-associativas. Surgem ao acaso, sem no entanto se esquivar completamente de certa lógica – que pode até, mas nem sempre, seguir a direção horária. Seguem, com certeza, a lógica do coração.

Sinto necessidade, para começar, de fazer um "credo" no que creio e uma confissão sobre o que sinto que sou.

*

Sou judia de ouvido.
De ouvir falar.
De me contarem o que fomos e o que somos.
Ser judia foi sendo um processo mental.
Que não passou pela fé.
Não creio em Deus.
Nem nos anjos.
Entendo a Bíblia como texto histórico
com laivos de ficção.

Simpatizo com patriarcas e profetas
em sua loquacidade. Como falam!
E como os escuto!

Acima de tudo, surpreende-me a
eternidade de nossa existência.
Mais de cinco mil anos.

Sou judia porque penso ser judia, percebo-me como tal, sei que assim sou percebida, e mais: é assim que quero ser percebida[1].

Voz da memória de uma judia.[2]
Filha de judeus.
Neta e bisneta.
E assim por diante,
em cuja família parece que jamais ocorreu miscigenação.
Pela voz da minha mãe, que ainda ressoa nos meus ouvidos, pressinto um "quê" de orgulho.
Assim foi até mil novecentos e oitenta e tantos, quando uma filha minha se casou com um cristão.
Na ocasião, nem consternação, nem júbilo.
Apenas nova era.

De há muito já não esperávamos a vinda do Messias.

Não sei hebraico.
Não sei iídiche.
Muito menos ladino.
As grandes festas não são parte da história da minha família. Sei das histórias que os outros me contam sobre o significado delas.
Suas canções e sua culinária não me trazem de volta à infância.
Nunca esperei pelo profeta Elias.
E cada um que nascia esperávamos que viesse a ser um novo Freud, Marx ou Einstein.

Conheci, e muito bem, a mística da nossa pretensa superioridade intelectual.

Sabia de Freud, Marx e Einstein. Sabia dos grandes músicos e vagamente da existência de judeus lá pelos recônditos da Europa oriental, vivendo de acordo com valores diferentes do que os que norteavam a nós, judeus ocidentalizados. Eles, os da Europa oriental, nos "xingavam" de assimilados.

Para nós, o orgulho de sermos "povo escolhido" foi perdendo força, mas o zelo da manutenção da identidade se manteve – ou pelo menos não se perdeu. E eles não entendiam.

Todo judeu sabe que há muitas formas de levar adiante essa tarefa, apesar dos percalços próprios de tempos de paz, quando subgrupos se formam, geram preconceitos e se digladiam em torno deles. Foram curtos períodos de paz que permitiram trazermos para dentro da coletividade toda a arte de excluir que conhecemos tão bem na relação com os "outros". Feliz ou infelizmente, como queira o leitor, os conflitos e as perseguições sempre ocorreram com frequência suficiente para que internamente não se chegasse à ruptura. Podemos perfeitamente atribuir a nossos perseguidores a perfeição com que conseguimos manter a nossa homogeneidade.[3]

Aqui nas Américas vimos vivendo tempos de paz (não existe antissemitismo oficial nem exclusão exacerbada nas relações interpessoais). O preconceito hiberna e poucos são os atos de crueldade que podemos explicitamente relatar. Por outro lado, a tendência assimilacionista se agrava, não tanto por conversões, mas por casamentos mistos. E isso assusta a ortodoxia.

Não temos paz. Roemo-nos de dentro. Somos sempre ameaçados. Ou de dentro ou de fora. No lugar donde falo reina a paz. As diferenças, que são muitas, flutuam no meio homogêneo em que se insere o nosso isolamento.

Levo em minh'alma uma inquietação. É um nódulo de estranheza constrangedora perfeitamente consciente, mas que em geral não chega a se configurar. É uma inquietação que não encontra nem sua causa nem seu objeto. Se a denominarmos e descrevermos, ela tomará um jeito bem conhecido. Freud descreveu esse fenômeno, que colocarei na categoria de estado de ânimo: o *unheimlich*.

Na língua falada em minha casa, que era o húngaro, com leves pinceladas de alemão e francês, *unheimlich* queria dizer isto mesmo: situação estranha e constrangedora. Essa expressão fazia parte do nosso linguajar coloquial caseiro.

Fui criada com um só fetiche: a razão.

Nunca ouvi da boca de meus pais comentário antiassimilacionista, nem pró. Não que não tivéssemos preconceitos. Mas estes estavam erigidos integral e monoliticamente em torno do uso da razão. Éramos judeus – sim –, mas tínhamos deveres com a herança iluminista. A esta, sim, apegávamo-nos com orgulho. Era como se nós mesmos nos fizéssemos cobaias de um grande experimento, que deveria provar que se podia ser judeu e, ainda assim, estar integrado no grande mundo. Ser igual aos outros sem deixar de ser judeu. A tradição devia marcar sem macular.

O bom uso da razão era tão importante para o nosso pequeno subgrupo de laicos que nem ao menos permitia a adoção de uma posição pró-assimilação. O ato de converter-se seria dar excessiva importância à religião. Assim, pretendíamos estar no mundo sem abandonar militantemente o judaísmo e sem nos alinharmos em qualquer outra posição, tarefa inglória e impossível. Assim mesmo íamos ocupando espaços dentro de cidades grandes, fosse do Império Austro-Húngaro, da Itália, da França ou da Inglaterra.

Portanto, se não aceitávamos a mística judaica, também não aderíamos a outra qualquer mística. Exigíamos de nós mesmos navegar em um diapasão fora do maniqueísmo, só que para essa posição não havia espaço.

Nossa mente iludida pela fé no racionalismo não tolerava problematizar o ser ou não ser judeu. Para nós somente os crentes, os espíritos ainda não bafejados pelos ares laicos do mundo moderno, lógico e racionalista é que encontravam na religião, qualquer que fosse ela, algo mais do que cerimônias ritualísticas associadas a fetiches.

Com o correr do tempo, já na vida dos meus pais, mas antes de mim, minha família não manteve nem mesmo o ritual mais sagrado de todos: o do Yom Kipur. O anticlericalismo, o panteísmo, com seu retorno à natureza, o materialismo dialético, os Direitos Humanos ocuparam o espaço da fé.

*

Entre as duas Grandes Guerras pulularam rebeldes bem pensantes, cheios de ideias e ideais, que pretendiam viver à margem das instituições sociais, tais como Estado e Igreja. Eram grupos anarconaturalistas, anarquistas em geral, que às vezes misturavam ao seu cotidiano pitadas de orientalismo e misticismo, enquanto outros se atrelaram a ideais comunistas, socialistas ou anarquistas. Os judeus estavam presentes em todas essas dissidências.

Na Europa oriental, o caminho dos judeus foi outro.

O resto da população do mundo, especialmente aquela associada à burocracia, de forma geral não acompanhou esse fenômeno. Manteve-se em posições bem mais conservadoras. Sendo a burocracia sempre e em toda parte mais lenta do que desejariam os sonhadores e os inovadores, ela não acompanhou o caminhar dessas vanguardas – que, aproveitando o período de paz, deixaram à mostra todas as diferenças pertinentes aos subgrupos.

Esse fenômeno que descrevi pensando no grupo judaico foi igualmente válido para toda a sociedade. Croatas, sérvios, tchecos, eslovacos, ciganos, judeus, sabatistas e anabatistas mantiveram fortes núcleos de identidade até hoje. Nem os sonhos do imperador nem os arrazoados do comunismo conseguiram fazer muito para dissolver essas nações ou etnias.

Voltando ao grupo judeu...

Enquanto as novas gerações deixavam de fazer Bar Mitzvá, e as mais novas ainda nem mais circuncidavam seus filhos, aqueles que cuidavam da Chevra Kadisha[4] estavam longe de acompanhar essa tendência.

Será possível, sendo filho de judeu, não se sentir parte do grupo judaico quando meninos nascidos de pais judeus, se não circuncidados, caso morram, ficarem sem lugar para ser enterrados?

Havia em Budapeste um pedaço de chão, um terreno, um campo santo designado pelo Estado para que judeus enterrassem seus mortos. Das cerimônias e do espaço cuidava a Chevra Kadisha. Porém, para estes, menino não circuncidado não é judeu. Se os pais tampouco podiam se dizer cristãos, pois não o eram, ele, o bebê falecido, não podia, de acordo com os burocratas de ambos os campos, ser enterrado. Nenhum dos dois grupos transigia. Eram ortodoxos, cada um do seu jeito.

E foi assim que meu irmão, em 1938, teve de ser circuncidado depois de morto para não ficar insepulto. Um fato desses na história de uma família é mais do que suficiente para manter intacta a identidade com o grupo judeu por mais algumas gerações.

Nem precisou de holocausto para que eu ficasse para sempre circuncidada.

No grande laboratório do judaísmo que foi a Europa central dos séculos XIX e XX, experimentamos duas ameaças concomitantemente – a da exclusão e a da assimilação. Entre Marx e a fundação do Estado de Israel, isto é, por cerca de cem anos, os judeus lentamente foram tendo acesso à escola laica, sempre limitada às idiossincrasias dos governos.

A partir do fim do século XVIII, em toda a Europa central, os judeus foram ganhando permissão de moradia, de circulação, que passo a passo tornaram inócuos os limites dos antigos guetos. Fomos sendo tolerados. Esse fato não se constituiu numa aquisição de direito, pois estava à mercê das idiossincrasias dos governos, mais ou menos liberais. A tolerância teve, em contrapartida, uma participação na cultura laica, a tarefa de manter um clima de insegurança que modelou atitudes, ora de submissão, ora de permanente *unheimlich keit*.

Foi mais importante do que à primeira vista possa parecer o fato de que nossas relações com os povos à nossa volta tivessem sido gerenciadas por tolerância e permissão, e não por Direito. Foram decretos, não leis, mesmo que em alguns casos tomassem a forma destas. O que era tolerado podia deixar de sê-lo a qualquer momento. E assim cabia a cada um, a todo momento, evitar confrontos que pudessem vir a influir no direito de todos. Ao mesmo tempo que somos submetidos às regras da tolerância, estamos entre os primeiros que se engajam nos movimentos liberalizantes, fato esse de fácil compreensão. O acesso à educação laica ocorreu *pari passu* com o desenvolvimento da concepção da nossa superioridade intelectual. Enquanto esta se impõe, o perigo da assimilação é tomado como bandeira pelos menos assimilados. Mas a educação laica teve grande força em nossa sobrevivência, pelo menos depois da Inquisição. O diploma de curso superior ou uma grande fortuna podia garantir não só o almejado direito de moradia e circulação, mas também o acesso à elite dominante para garantir a estabilidade das leis ou dos decretos de tolerância.

Partindo dessa complexa dinâmica sociopolítica, a razão tem tudo para se tornar uma grande alavanca, um verdadeiro totem.

*

É longa a história dos pequenos incidentes que marcam a história dos judeus no Ocidente. Longa é a história dos grandes movimentos migratórios que as grandes perseguições foram provocando pelos séculos afora. Ora era um, ora era outro senhor feudal barbarizando com regras e decretos que interferiam na vida das comunidades judaicas que vivia em torno dos castelos. Em outros momentos, era a vez de grandes movimentos – Cruzadas, Inquisição, Holocausto – tomarem as rédeas do preconceito contra esse grupo que teimava em não desaparecer. Era um mistério essa permanência.

*

Como se costuma dizer, a história escrita até o século XIX sempre foi a história ou das guerras, ou das classes dominantes. Aos judeus não se fazia guerra, nem pertenciam estes à classe dominante. Aos judeus que não tinham armas, só livros, para que guerras? Assim, os decretos que restringiam a liberdade e regulavam os direitos outorgados aos judeus não constam da história oficial das nações. Só os pesquisadores, por meio de levantamento em arquivos e em outras fontes secundárias, conseguiram chegar a essas minúcias tecnoburocráticas às quais só os judeus davam importância. Somente quando tinha lugar uma grande ofensiva envolvendo todo-poderosos restavam relatos do que aconteceu, então, com os judeus. Até mesmo a história do povo judeu, escrita para a educação das novas gerações de judeus, sempre acompanhou essa tendência: Babilônia, Êxodo, Salomão, Rainha Ester, Inquisição, Diáspora... Esses, sim, são fatos conhecidos de todos, pois por todos eram relatados.

As pequenas histórias da saída de um grupo de uma aldeia para outra, da expulsão de todos de uma região para outra só eram lembradas pela tradição familiar transmitida oralmente e esquecidas em uma ou duas gerações. Em certos lugares sobreviveu uma papelada que ficou guardada e encostada ninguém sabe para quê. E agora os historiadores vão aos velhos livros carcomidos dos cartórios, dos notários, à procura de sinais de vida correspondentes ao cotidiano. São testamentos, certidões de nascimento e óbito, registros de compra e venda que vão colorindo a memória histórica.

Não pensem, por causa dos últimos parágrafos, que estou propondo assimilação. Sem saber por que existo, mas mantendo uma grande curiosidade a esse respeito, quem sou eu para propor qualquer direção que seja?

Vivi e vivo na fronteira de duas forças, uma puxando para a assimilação e outra voltada para reforçar a identidade judaica. A segunda continua vencedora. E eu, fiel ao caminho que a minha família escolheu, não escolho. Observo e constato.

FRAGMENTOS DE UMA VIDA

*

Diáspora Romana, Inquisição, Pogroms, Holocausto, muita ameaça, muito ódio, muita perseguição para pouca gente em poucos anos, tão somente dois mil.

O judeu assimilado à cultura laica, mas não convertido a nenhuma outra religião, como é o caso dos meus pais e avós, não viveu qualquer conflito entre aparência e identidade. Eles tinham cara, jeito e a história pessoal de húngaros. Eles tinham o húngaro como língua materna, sentiam-se parte do país e viam-se como húngaros havia pelo menos um século, tempo que durou a paz de Francisco José. Íamos nos sentindo cada vez mais identificados com a grande comunidade habsburgueana. Parecia possível diluir-se na população.

É bem verdade que lá pelos confins da Europa oriental a situação dos judeus nem sempre era tão confortável, e disso se tinha notícia. Mas o que se esperava é que, com mais algumas décadas, eles chegassem até nós.

O grande manto ideológico do império multinacional dos Habsburgos acreditava na possibilidade da diluição das nacionalidades. Nossa esperança apoiava-se nessa ideologia. Era uma posição ingênua que pretendia que judeus, eslovacos, sérvios, croatas, ciganos, etc. fossem aos poucos absorvidos pela grande nação Austro-Húngara. Hoje, vemos que nem os 70 anos de Francisco José, somados aos 40 de comunismo, obtiveram qualquer resultado nessa direção.

*

Essa história eu conto não para fazer história, mas para poder contar minha história de judia que ia se assimilando – até que não deu mais.

Diante da ameaça nazista, muitos ditos assimilados tentaram a conversão como se as hordas exterminadoras fossem se satisfazer com atestados de batismo. Dentro do espírito laico-racional que presidia as decisões do meu pequeno grupo, nós não nos convertemos. E disso muito nos orgulhamos.

*

Algumas ideias se difundem e se embebem de significados mais do que outras. A da transmissão dos caracteres por hereditariedade popularizou-se em todo o mundo com extrema facilidade, passando ao largo, inclusive, de dogmas de fé religiosa e política. A ideia de raça, de etnias em geral, vincula-se estreitamente a essa concepção oriunda da biologia. É a força da ciência legitimando ideias. A palavra "ideologia" não está aí por engano. Em certos momentos, a ciência, posta indiscriminadamente a serviço de vários amos, perde-se da razão tornando-se ideologia no sentido mais castiço e político da palavra. Nos períodos mais radicais do stanilismo, os comunistas, por exemplo, aplicaram o mesmo princípio de intolerância, o *numerus clausus* que os nazistas haviam aplicado anos antes. Para aqueles, só entravam nas universidades 10% dos judeus. Para os stalinistas, só entravam na universidade 10% dos de origem burguesa, para permitir a ascensão gloriosa da classe proletária. E a seleção era feita por ascendência e porcentagem de sangue burguês, assim como os nazistas calculavam o sangue judeu.

É curioso pensar na força com as quais premissas científicas irrompem, se adaptam e são empregadas. Espero que essa ideologia esteja datada para sair do ar. As mesmas ideias de transmissão de caracteres, talvez em outra cultura e em outra época, poderiam não ter vingado, mas no século XIX caíram em terreno fértil. O conceito da força do sangue aparece com maior ou menor força até hoje, por mais que pensadores lúcidos estejam se esforçando para retirar força dessa formulação que, hoje, é considerada politicamente incorreta, em desacordo com os Direitos Humanos.

*

Há milênios estigmatizados e marginalizados, não era difícil nos isolar aplicando esse tipo de conceito pseudocientífico. Esse fenômeno social de difusão das ideias aplica-se não só à "força do sangue", mas a outros tantos conceitos científicos que se tornam ideologias em dado momento. Grupos da sociedade que procuram crescimento, hegemonia legitimam-se, constituem identidade, lançando mão de tudo que a cultura pode oferecer. Nada mais fácil e mais comum do que uma tese ser absorvida por interesses de pessoas ou grupo, gerando espaço para o exercício do pragmatismo e da *real politik*. Assim, o que deveria explicar o mundo passa apenas a ser apenas defensor de uma ideia.

A psicologia social, já há pelo menos 50 anos, trabalha no campo da transformação dos juízos em ideologias. E é inspirada em Moscovici e Bourdieu que sigo pensando. Mas não são só eles que iluminam esse meu caminho. Aproveito ideias de Nicolas Abraham, Maria Torok, Pierre Fédida, Fábio Landa, que até me inspiraram uma metáfora funcionalista: a da esponja.

*

Teríamos em nós, em cada um de nós, um espaço, que chamarei de espaço-esponja, capaz de captar, absorver e guardar. O que

caracterizaria tal esponja seria o fato de absorver o que aparece como pouco importante, fora de contexto, sem significado imediato. Assim, o que deveria se perder, ser jogado fora seria captado por essa espoja. Trata-se de uma triagem aparentemente pacífica e sem a intromissão da rigidez do superego ou de forças caóticas do Id. É um fenômeno que ocorre – nem bem no plano consciente, nem bem no plano inconsciente. Seria a absorção de informações, experiências, nuanças de rejeição, de aceitação, de atribuições lícitas e ilícitas, que, na falta de uma ideologia a atribuir-lhes sentido, tornam-se ideias a vagar pela mente. Esse conteúdo absorvido não é nem memória nem recalque, mas também não retorna ao universo pulsional. São sensações sem objeto, são imagens sem sentido, que não conseguem ser representadas. Não deixam remetente.

*

A posição dos meus pais sempre foi aparentemente tolerante, e foi essa a leitura que fiz do comportamento deles. Ao contrário do que se poderia imaginar se atribuíssemos à esponja a função de congregar frutos de frustração e recalque, isso somente aumentou o poder de captação da minha esponja e, portanto, do que permaneceu para sempre misterioso na minha vida. A ausência de conflitos e de intransigência deixou muitos inúmeros problemas não problematizados, como o tema da exclusão e da assimilação. Dessa forma, inúmeros fatos ficavam sem sentido por falta de critério para triagem e seleção.

Resultado: esponja cheia, muito mistério e muitos fatos inexplicáveis.

Quando focalizamos situações que têm certo/errado, desejável/indesejável, agradável/desagradável claramente definidos, poupa-se parcialmente o recurso da esponja. Excluímos, recalcamos e reprimimos.

Quando Hitler brada a superioridade da raça ariana, ser judeu começa a ser trágico e perigoso, mas identificar-se com o grupo judeu fica muito mais fácil. O outro está fazendo a distinção por nós. Só há pouco tempo viemos a saber, pelos jornais, que nórdicos escandinavos, discretos e altivos, humanistas e socialistas, também absorveram em suas esponjas o rico conceito da transmissão de caracteres por hereditariedade. Estes, em vez de matar os indesejados, que maculariam a população com seus filhos, se os tivessem, simplesmente esterilizaram aqueles cujos filhos não eram desejados pelo Estado. E isso ocorreu mais de cinco anos antes da Solução Final proposta por Hitler para judeus, ciganos, comunistas etc. Foi uma Solução Final sem derramamento de sangue.

*

Na minha casa não se problematizava a questão judaica. Era-se judeu.

Se a melhor escola do ponto de vista do ensino era católica ou protestante, era lá que se punham os filhos. Se eu trazia para casa terço, santinho, medalhinha, ninguém se abalava. Nem um olhar de censura ou de ironia ficou gravado na minha memória. Meus pais não transformaram brincadeiras de criança em fetiche. Benditos sejam.

Havia preconceito, sim, e muito, mas contra a ignorância, contra a falta de cultura e contra o recurso ao pensamento mágico ou supersticioso. Como eu disse, eles nunca transformaram, com sua crítica ou sua censura, santinho[5] em fetiche. Tivessem eles ridicularizado, reprimido ou proibido, ou mesmo me tirado da escola em que se aprendiam tais hábitos, teriam transformado "bobagens" em totens. Do colégio das freiras guardei a aprendizagem do "não pertencer", pelo menos no nível da consciência. De todos os santinhos que ganhei, só me resta um, o de um Menino Jesus que me foi dado por uma jovem freira de cujo nome ainda me lembro, irmã Maria da Conceição, e está junto de outras figuras que também não se tornaram totens, como fotografias de artistas de cinema e elencos de rádio-novela. Tudo isso está em alguma gaveta; a razão para guardá-los desconheço.

*

Assim reza o tanto que guardei na consciência, mas muito mais deve ter havido. Por ter ficado fora de foco, foi absorvido pela implacável esponja. Ficaram-me muitas lembranças do colégio das freiras, mas sem dúvida a de ser excluída de forma indolor é a que percebo hoje com grande clareza. Naquela escola, entre as duas partes, os católicos e eu, não houve confronto. Portanto, tudo que ocorreu se deu de forma silenciosa como a bruma. A minha esponja guarda muito de intocável desse período. Certas frases, tão pacíficas e inócuas, continuaram na minha mente completamente desvitalizadas, sem peso nem sentido. Por exemplo, quando a madre Maria Inocência disse que eu não precisava mais me converter porque já era cristã, a imagem da situação ficou impressa, dotada de uma vaga sensação à qual ainda não saberia dar nome. Hoje sei que aquele momento guarda, de alguma maneira, a origem da conversão da minha filha. Foi esse algo que ficou em mim que transmiti ou foi captado por ela. É como se fosse possível ter uma marca de ferro em brasa feita com metal em temperatura ambiente. A marca fica e a gente não sabe por quê, pois não doeu. Em algum lugar, um pedaço meu conteve uma conversão que levou quase 50 anos, por estranhos caminhos, até chegar à Gabriela. Segundo a mente iluminista da minha família, aquela frase da freira tinha só um sentido: a de que a madre era uma mulher de mente aberta. Isso não quer dizer que ela não fosse aberta também, só que aconteceram muito mais coisas naqueles dez segundos na porta da capela. Só hoje é que sei aonde andou essa frase que sempre me pareceu deslocada, e eu não sabia por que teimava em lembrar dela.

Trauma? Nenhum.

Confusão? Muita.

*

Estamos na década de 1940, em plena Segunda Guerra Mundial. Todos os dias, às 14h, meu pai ia ao jornaleiro buscar *A Gazeta*, vespertino que líamos em casa. De manhã, *O Estado de S. Paulo*; à tarde, *A Gazeta*. Assim acompanhávamos passo a passo a marcha das tropas aliadas e do Eixo. A exclusão que eu vivia no Colégio Santa Catarina de Sena não me foi perceptível. Mas no mapa europeu o confronto era claro e se sobrepunha à pseudotolerância na qual eu vivia mergulhada na escola. Lá não me cobravam missa, confissão nem comunhão. Eu não era batizada, mas elas acreditavam que eu estava sendo sub-repticiamente convertida, o que em minha vida não ocorreu. Mas a passei como herança.

No mapa, o deslocamento de cristãos e judeus, Aliados e Eixo, nazistas e democratas, vinha diariamente nas páginas do jornal, não permitindo que a tolerância da escola fosse absorvida como tolerância. Um interferia no outro.

*

Em 1982, comecei uma análise que durou longos nove anos, que na época me pareceram e ainda me parecem uma só unidade de tempo. Nem curto, nem longo. Uma unidade e nada mais. Não demorou muito para que eu percebesse em meu corpo uma sinalização que vinha sempre antes dos *insights*. Lá pelos meados da análise, eu já me divertia e avisava: "Dona Virgínia, lá vem chumbo. Minha garganta está se fechando".

Minha garganta foi minha bússola. Minha garganta fechou no batistério quando meu neto foi batizado. O mesmo ocorreu quando minha filha me contou que frequentava a missa aos domingos de manhã. Fechou-se também diante do Muro das Lamentações. E no avião, ao vislumbrar a Terra Santa. Quando minha esponja vai liberar gotas irracionais, meu corpo avisa. Mas nem por isso o controlo nem ele se faz prever.

*

Meu neto não foi circuncidado e a culpa é minha. Se meu pai não fez Bar-Mitzvá, se meus irmãos não foram circuncidados, se nem o Yom Kipur nós celebrávamos, para que precisaria meu neto, filho de um católico praticante com uma judia convertida ao catolicismo, ser circuncidado? Falou por mim a voz da razão.

Mal sabia eu que quando minha filha perguntou se eu fazia questão de circuncisão, saiu da minha boca não a minha voz, mas a de duas gerações de "tolerantes" que me antecederam.

Não fiz questão. Anos depois, ela me disse que eu deveria ter dito sim, pois ela queria, desde que eu fosse a responsável. Eles teriam batizado o garoto de qualquer jeito, mas batismo não apaga a circuncisão. Eu assisti àquele batizado. A dor que senti foi possivelmente uma das maiores da minha vida. Era uma dor física, no osso esterno, até o pescoço. Só consegui entender muito mais tarde que eu então assistia à poda de um galho da grande árvore, do grande pomar ao qual eu pertencia, apesar da educação tolerante, apesar dos racionalismos todos e apesar de a irmã Maria Inocência achar que eu estava convertida.

Entre a escola das freiras onde fiz o primário e o ginásio protestante, a Segunda Guerra chegou ao fim. Devagar fomos recebendo dados mais precisos do Holocausto, no qual não se fez nenhuma distinção entre judeu ocidentalizado, racional, intelectual, de vanguarda, de esquerda, oriental, tradicional, religioso. Foram todos igualmente perseguidos e mortos. Fez-se na Europa tábula rasa na questão judaica.

Eu própria casei-me com um judeu – ocidental, materialista, socialista, ateu, que circuncidado foi, mas Bar-Mitzvá não fez.

A conversão da minha filha não foi exigência do marido. Ocorreu antes de conhecê-lo. Quando soube de sua intenção de se converter, senti, mais uma vez, como se tivesse levado uma facada cuja dor ia até a garganta.

Eu estava preparada para muita coisa diante da sua crise de adolescência. Mas voltar atrás para esse espírito religioso, que a razão aparentemente extirpara da minha família havia pelo menos cem anos, pareceu-me traição excessiva. Lembro-me de ter tentado, estupidamente, levá-la ao menos para a Teologia da Libertação, ao que ela disse, sem quaisquer reparos: "Isso é política, não religião".

Durante mais de dez anos fiquei pensando onde errara, pois

se a dor daquela assimilação fora tão grande, tinha de ser um erro, mas nunca consegui passar de alguns chavões. Precisei incorporar muita reflexão para conseguir me equilibrar na quina entre a razão e esse sentimento. Já psicanalista há muitos anos, levei outros 15 para entender que o que eu transmitira fora o conteúdo da esponja na qual a conversão vinha se acumulando sem dor. Nunca vou entender como a fala da madre Maria Inocência entrou no mundo da Gabriela. Mas sei que ocorreu.

*

O que a esponja absorve não parece acessível à elaboração racional. E, embora faça parte das informações das quais lançamos mão ao intuirmos e ao prevermos o futuro, esse processo não é passível de controle. Mas, mesmo sendo parte de um mistério, descarto a ideia de que para sanar a angústia se deva mergulhar no universo da magia do mundo da criança.

*

Muito contra a vontade, no início de 1970, fiz minha primeira viagem a Israel. Alguma coisa que não sei descrever me levou a evitar visitar a Terra Santa antes. Não fosse o fato de uma cunhada estar vivendo em Israel, eu não teria ido nem nessa ocasião.

O avião voava e eu olhava pela janela para o azul do Mediterrâneo. De repente apareceu a primeira nesga de terra que eu achei que era – e provavelmente era mesmo – a Terra Santa. Trancou minha garganta e eu entrei num estado de emoção pura. Uma paixão sem nome. Só tinha um desejo formando-se como imagem. Eu queria me jogar no chão e beijar aquela terra, como eu ouvira falar que faziam os religiosos, supersticiosos, fetichistas, tradicionalistas – com os quais eu pensava não me identificar. A Terra Santa, para a qual eu não imigrara na minha adolescência, também tinha deixado material, espaço desvitalizado, sem sentido aparente, para a esponja guardar.

Naquele momento, longe de qualquer perseguição, sossegada na minha poltrona no avião, parece que um pedaço da esponja se espremeu e formou uma gota que me inundou. Desci da aeronave e muito a contragosto não beijei o solo, mas para tanto a minha mente precisou lançar mão de um recurso que tenho vergonha de confessar. Eu pensei, com todas as letras: "Não vou beijar o chão porque é asfalto, não é terra". Não poderia ser mais ridículo, mas é assim que eu pus em linguagem.

A esponja espreme-se em gota às vezes. É imprevisível. Seriam os famosos *insights* espontâneos?

*

Estava eu casada, já não mais com o judeu assimilado do primeiro matrimônio, mas com um cristão oriental – chinês. E fomos conhecer Israel. Ia ser uma viagem linda. Começaríamos por Jerusalém, onde alugaríamos um carro para dar a volta pelo país. Do Galil até o Neguev. No primeiro dia, fomos ao Muro das Lamentações e lá nos separamos, pois na grande praça homens e mulheres têm de ficar apartados. Ia eu me dirigindo para o lado das mulheres quando um daqueles judeus, que não satisfeitos em ser religiosos fazem questão de usar a fantasia de religiosos para que ninguém se engane a seu respeito, para que não corram o risco de ser vistos com isenção, me abordou em iídiche, que eu não entendo. Mas no caso captei que ele queria dizer. Queria saber se eu era judia, porque no seu ócio ele provavelmente tinha observado a minha chegada com o chinês, que provavelmente não era judeu. Aconteceu pela primeira vez na minha vida: como se fora um soluço, neguei. Disse que não era judia.

Não suportei não ser reconhecida. Ele me excluiu, não me reconheceu. Senti-me despersonalizada diante daquele que não só era judeu como se caracterizava pelo uso do "uniforme".

Paguei caro por essa negação. Estragou a viagem. Eu sentia como se fosse uma estranha a mim mesma na minha Terra Santa. Inundada por esse sentimento, não consegui ficar lá nem uma semana. Tudo me parecia inóspito e rejeitador.

A primeira ideia é a de que não aguentei negar; a segunda, que tinha vergonha de estar com um cristão em Israel. E seguiram-se mais algumas babaquices na tentativa de entender o que tinha acontecido no teatro dos meus absurdos. Se eu pensar esse fato no esquema das memórias sem sentido, da esponja que a tudo recebe, e de que a minha maior especialização era ligada ao verbo excluir, fica mais fácil captar a agressão indolor à qual tinha me submetido. Algo em mim não suportou *não ser reconhecida pelo desprezado religioso* enfastiado na praça do Muro das Lamentações.

Não reconhecida, o *unheimlich keit* se instaurou.

Poucos anos depois, fiz outras viagens para lá, sempre muito pacíficas e tranquilas. Fiz questão absoluta de retornar, várias vezes, como turista.

*

Ser excluído.

Estar excluído, estar sendo excluído, sentir-se excluído.

Reagir à exclusão.

De século em século ser escorraçado ou morto. Com ou sem julgamento.

Excluir-se.

Unheimlich.

E o misterioso conteúdo das ideias que vagam pela minha mente.

É com esses ingredientes que se fez uma identidade judaica para mim. Histórias individuais variam de lugar para lugar, de tempo em tempo, de pessoa para pessoa. Uns esperam ser excluídos, outros se excluem antes de o serem. Uns reagem, outros baixam a cabeça. As histórias se dão na vida de cada um e na história de seu grupo. A memória individual ou coletiva constitui e realimenta o esteio do sentimento de exclusão. As comunidades judaicas estão sempre alertas para o próprio destino. Nem sempre são os outros com os quais vivemos que nos assustam. Em tempos de paz, o processo de assimilação que se impõe naturalmente apavora.

E assim o meu ovo passou pelos milênios até chegar a mim.

Notas

1. Sobre a importância de ser percebida como judia, falarei quando do relatar o que me aconteceu no Muro das Lamentações.

2. Voz que fala a linguagem de adulto. Ser judia não tem para mim a ternura da linguagem da infância.

3. Hoje, perto dos 70 anos da fundação do Estado de Israel, estamos diante de uma verdadeira ruptura. Desde sempre me revoltou o Estado de Israel ser teocrático. Esse Estado, que é Estado de Israel e não Estado judeu, vai cada vez mais se atrelando à ortodoxia, rejeitando toda a igreja reformista desenvolvida pelos judeus laicos.

Em consequência, por exemplo, casamentos realizados por rabinos da Reforma, assim como divórcios e conversões por eles realizados, vêm sendo desconsiderados, dificultando a vida daqueles que não professam a ortodoxia. Assim temos judeus e judeus que o Estado teocrático de Israel reconhece. É sem dúvida uma triste ruptura.

4. O aparelho burocrático da religião judaica é inteiramente funcionalista: circuncidar, educar, casar, enterrar; lida com o estritamente necessário.

5. Imagem de santos que trazem frases exemplares no verso e que os religiosos trocam e distribuem entre si.

"Eu não tenho saudades de Budapeste...
eu tenho saudade do zoológico, onde
havia um... hipopótamo... eu lembro
do hipopótamo até hoje... minha vida é
sempre com água... não sei por que moro
em São Paulo, minha lembrança de São
Paulo é o Clube Espéria e o Macabi com
rio Tietê limpo e depois a represa de
Guarapiranga. Desprezo absoluto pela
Billings, por que não sei."

(Anna, da fracassada conversa com Regina
diante das fotos da Hungria)